Joannes Mullenders, LE MARIAGE PRESUME

Analecta Gregoriana

Cura Pontificiae Universitatis Gregorianae edita
Vol. 181. Series Facultatis Iuris Canonici: Sectio B, n. 30

JOANNES MULLENDERS, C.I.C.M.

LE MARIAGE PRESUME

UNIVERSITÀ GREGORIANA EDITRICE
ROMA 1971

JOANNES MULLENDERS, C. I. C. M.

LE MARIAGE PRESUME

Università Gregoriana Editrice
ROMA 1971

Quest'opera di Joannes MULLENDERS: LE MARIAGE PRESUME è stata pubblicata con l'approvazione ecclesiastica (Vicariato di Roma, 22 gennaio 1971) dalla Università Gregoriana Editrice, Roma 1971, e stampata dalla Tipografia della Pontificia Università Gregoriana.

© 1971 Università Gregoriana Editrice

AVANT-PROPOS

Je voudrais exprimer mes sentiments de gratitude envers mes supérieurs qui m'ont donné la possibilité de continuer mes études à l'Université pontificale Grégorienne.

Au père O. Robleda S. J., mon promoteur, qui m'a guidé tout au long de l'élaboration de cette étude.

Aux pères bibliothécaires de l'Université pontificale Grégorienne, de la bibliothèque du Vatican et de l'Université de Louvain, qui m'ont facilité l'accès aux bibliothèques respectives.

Aux pères Paul Stassen, Claude Leterme, Victor Verbert qui ont revu le texte français, sous le contrôle du père Jean Lefèbvre.

A mes confrères à Rome qui m'ont soutenu par leurs encouragements.

Aux nombreuses personnes qui ont contribué à l'élaboration de cette étude.

A TOUS j'exprime ma gratitude la plus sincère.

TABLE DES MATIERES

	PAGE
Avant-propos	V
Bibliographie	IX
Introduction	1

Chapitre I — L'ORIGINE DU MARIAGE PRESUME . . . 5
    Notions préliminaires 5

A. La formation du lien matrimonial dans l'Eglise d'Occident   7
    1. L'attitude de l'Eglise en face du contrat de mariage païen   7
    2. Vers une théorie proprement ecclésiastique du contrat de mariage 10
        a) Chez les théologiens 10
        b) Sur le plan juridique 16
            1. En général 16
            2. L'origine du lien matrimonial selon Gratien, Lombard et leurs Ecoles respectives de Bologne et de Paris 17
            3. La doctrine papale concernant la formation du lien matrimonial dans les décrétales 42

B. La présence du mariage présumé dans l'Eglise . . . 55
    1. Le mariage présumé dans le droit romain 55
    2. Le mariage présumé dans le droit ecclésiastique . . . 61

Chapitre II — EVOLUTION DE LA DOCTRINE DU MARIAGE PRESUME 71

A. Conceptions différentes du mariage présumé 71
    1. Conception originelle 71
    2. Conception évoluée 72

B. Justification de la présomption du mariage 74

C. Différents genres du mariage présumé 76
    1. Le consentement de praesenti n'a pas été échangé explicitement, mais on présume qu'il a été échangé . . 77

2. Le consentement de praesenti a été échangé explicitement, mais est vicié par manque de volonté; on présume que la volonté s'est purifiée et que l'échange du consentement est devenu efficace 83

3. Le consentement de praesenti explicitement échangé reste inefficace a cause d'un empêchement. Après la cessation de l'empêchement, on présume une confirmation et, si nécessaire, un renouvellement de l'échange du consentement 94

4. Le consentement a été échangé explicitement mais sous condition; se basant ensuite sur l'acte conjugal, on présume que la condition a été retirée 100

D. LES DIMENSIONS DE LA PRÉSOMPTION CONJUGALE . . . 101

CHAPITRE III — LA SUPPRESSION DU MARIAGE PRESUME . 114

A. LA CONFUSION ENTRE LE MARIAGE PRÉSUMÉ ET LE MARIAGE CLANDESTIN 114

1. A raison de l'opposition entre le for externe et le for interne 122

2. A raison du manque de démontrabilité au for externe . 122
   a) Conceptions différentes du mariage présumé . . . 122
   b) Conceptions différentes du mariage clandestin . . 124

B. LA SUPPRESSION DU MARIAGE PRÉSUMÉ PAR LE DÉCRET 'TAMETSI' 126

C. LA SUPPRESSION ULTÉRIEURE DU MARIAGE PRÉSUMÉ PAR LE 'CODEX JURIS CANONICI' 143

CONCLUSION 146

TABLE DES NOMS 151

BIBLIOGRAPHIE

SOURCES LEGISLATIVES

Acta Apostolicae Sedis 1909..
Corpus Juris Canonici, 2 vol., Ed. Friedberg Graz, 1959.
Corpus iuris civilis, 3 vol., Ed. Krüger, Mommsen, Schoell, Kroll, Berolini, 1954.
Codex Juris Canonici, Roma, 1917.
HIERONIMUS DE ANDREA, *Canones et decreta concilii Tridentini,* Napoli, 1859.
JAFFE, PH., *Regesta Romanorum pontificium ab condita ecclesia ad 1198,* 2. vol., ed. 2ᵃ auspiciis Wattenbach in Kaltenbrunner, Ewald et Loewenfeld. Lipsiae, 1885-1888.
KERHR, *Italia Pontificia,* Berolini, 1908.
FRIEDBERG, E., *Quinque compilationes antiquae,* Lipsiae, 1882.

SOURCES DOCTRINELLES

ALTESERRA A. D. *Commentarius in decretalium Innocentius III,* Luteiis, 1666.
ABBAS ANTIQUUS, *Lectura aurea domini Abbatis antiqui super quinque libris decretalium,* Argentini, 1510.
—, *In libros decretalium aurei commentarii,* Venetiis, 1588.
PETRUS ABAELARDUS, *Petri Abaelardi Opera.* Migne, P.L. 178.
ANSELMUS, S., *De nuptiis consanguineorum.* Migne, P.L. 158, 557 ss.
ANT. DE BUTRIO, *Commentaria in quinque libros Decretalium.* 7 t. 4 vol. Venetiis, 1578.
BALDUS DE PERUSIO, *Super Decretales ... Clarissimi iuris utriusque luminis Baldi Perusini. Commentaria elegantissima, super Decretales novissime impressa cum pluribus Additamentis plurimorum excelentissimorum doctorum. Cum numeris et Summariis necnon cum repertorio Alphabetico in calce operis.* Lugduni 1551.
BANDINELLI ROLANDUS (Alex. III), *Summa magistri Rolandi,* Ed. Thaner, Innsbruck, 1874.
—, *Die Sentenzen Rolands nachmals Papstes Alexander III.* Ed. Gietl, Freiburg in Brisgau, 1891.
BARBOSA, A., *Collectanea doctorum tam veterum quam recentiorum in jus pontificium universum.* Vol. 4, t. 2. Lugduni, 1688.
BERNARDUS DE BOTONO PARMENSIS, *Corpus Iuris canonici, decretales,* Romae, 1582.

BERNARDUS PAPIENSIS, *Bernardi Papiensis Faventini episcopi Summa Decretalium*, Ed. Laspeyres, Ratisbonae, 1860.
CANISIUS, H., *Opera quae de iure canonico reliquit*, Coloniae Agrippinae, 1662.
CARDOSO, A., *Summa seu praxis SS. Can. liber utilissimus iudicibus et advocatis*, Ulisipone, 1610.
CARTHUSIANUS, DIONYSIUS., *Opera Omnia*, Tornaci, 1813.
COVARRUVIAS Y LEYVA, DIEGO., *In quartum Decretalium librum epitome, item in tit. De testamentis et constit. Bonifacii VIII ultimam quae incipit Alma mater*. Venetiis, 1558.
DAMIANI, P., *Petri Damiani opera*, Migne, 144-145, Opusculum 41, *De tempore celebrandi nuptias*, Migne, P. L. 145.
DECIUS, P., *Conciliorum sive responsorum ... Philippi Decii Mediolanensis ... nunc recognita et expurgata; adnotationibus multis, quae antea pium lectorem ac vere Christianum offendebant, sublatis opera Nicolai Antonii Cravatti*, 2 vol. Augustae Taurinorum, 1597.
—, *Commentaria in jus pontificium*. Venetiis, 1593.
Decristarum jurisprudentiae specimen, e libro Gottwicensi, 88 (181) saeculo XII manuscripto, Ed. Schulte J. F., Gissae, 1868.
DURANDUS, G., *Speculum cum summariis ... et notis ... Joa. Andreas (et) Baldi di Ubaldis*. 3 vol. Venetiis, 1566-1567.
FAGNANUS, P., *Commentaria in Decretales Gregorii IX*. 8 t. in 4 vol. (4° *De sponsalibus et matrimonio*) Venetiis 1764.
GOFFREDUS DE TRANI, *Summa in titulos decretalium ... hac posteriore editione a M. D. Leonardo a Lege ... recognita, atque ab innumeris erroribus integritati suae restituta, locupletissimo repertorio eidem adjecto*. Venetiis, 1586.
GONZALEZ TELLEZ, *Commentaria perpetua in singulos textus quinque librorum decretalium Gregorii IX*, Marceratae, 1737.
GOZADINI L., *Concilia seu responsa*, Venetiis, 1571.
HENRICUS BOHIC., *In quinque decretalium libros commentaria, postrema hac editione maiore quam antea studio recognita et ab erroribus ex vetustate contractis, repurgata*. Venetiis, 1576.
HOSTIENSIS, (Henricus a Segutio), *Henrici Cardinalis Hostiensis, Summa aurea*. Lugduni, 1568.
—, *In quartum decretalium librum commentaria*, Venetiis, 1581.
HUGO DE S. VICTOR, *Hugonis de S. Victore, Opera omnia*, Migne P. L. 175-177 *De Sacramentis*, Lib. 2, Pars II, *De Sacramento conjugii*, P. L. 176.
Incerti Auctoris Quaestiones, Ed. Thaner, Innsbruck, 1874.
INNOCENTIUS IV, *In quinque Decretalium libros commentaria a D. L. Paulo Rosello adnotationibus ornata*. (Lib. 4, *De sponsalibus et matrimonio*). Venetiis, 1570.
JOANNES D'ANDREA, *In Decretalium libros novella commentaria ab exemplaribus per Petrum Vendramaenum, ... mendis ... expurgatis, nunc impressa ... accesserunt doctissimorum virorum annotationes, cum summis eiusdem novis, et indice*, 8 t. Venetiis, 1581.

Lancellottus, P., *Institutiones juris canonici quibus jus pontificium singulari methodo libris quatuor comprehenditur.* Perugia. 1563.

Lombardus, Petrus., *Libri 4 sententiarum, Studio et cura, P. P. Collegii S. Bona Venturae,* 2 vol. ed. 2, Ad Claras Aquas, 1916.

Mariani Socini, *Aurea ac pene divina commentaria in nonnullos libri quarti decretalium titulos,* Venetiis, 1593.

Mascardus, J., *Conclusiones probationum omnium quae in utroque foro quotidie versantur ... numquam hactenus in lucem editae,* Venetiis, 1584.

Menochius, J., *Jacobi Menochii, De Praesumptionibus, conjecturis, signis, et indiciis commentaria.* Genevae, 1636.

Panormitanus, (Nicolaus de Tudeschis), *Omnia quae extant commentaria ... in primum (quintum) Decretalium librum, quae auctiora reddita sunt J. A. de Bottis adnotationibus, atque A. Corsetti repertorio integro.* Venetiis, 1588.

Paucapalea, *Die summa des Paucapalea über das Decretum Gratiani,* Ed. Schulte, Giessen, 1890.

Perufini, P. F., *In quartum decretalium,* Venetiis, 1547.

Petrus D'Ancharano, *Super quarto decretalium facundissima commentaria,* Bononiae, 1580.

Raymundus de Peñafort, *S. Raymondi de Peñafort cum glossis Joannis de Friburgo.* Romae 1603.

Ricardus de Mediavilla, *Super IV libros sententiarum, Petri Lombardi quaestiones subtilissimae.* 4 vol. Brixiae, 1591.

Rufinus, *Die summa Decretorum des Magister Rufinus.* Ed. Singer, Paderborn, 1902.

Sanchez, T., *De sancto matrimonii sacramento disputationum,* Venetiis, 1737.

Soto, D., *In quartum (quem vacant) sententiarum,* Venetiis, 1575.

Stephanus Tornacensis, *Die Summa des Stephanus Tornacensis über das Decretum Gratiani,* Ed. M. Schulte von, Giessen, 1891.

Tancredus, *Summa de matrimonio,* Ed. Wunderlich, Göttingen, 1841.

Tractatus *de matrimonio des codex* Göttevicensis *Decretistarum jurisprudentiae specimen,* Ed. M. Schulte, Gissae, 1868.

LITTERATURE PRINCIPALE EMPLOYEE

Aichner, S., *Compendium iuris ecclesiastici,* Brixinae, 1900.

Azpilcueta, M., (Navarrus), *Conciliorum seu responsorum, in quinque libros juxta numerum et titulos Decretalium, distributum,* T. 2 qui in hac nostra editione et consiliis pene trecentis aucti et rectius quam antea digesti correctique sunt. 2 vol. Venetiis, 1621.

Ballerini-Palmieri, *Opus theologicum morale in Busemboum medulam,* 7 vol. 4, De Matrimonio. Ed. 3, Prato 1900.

Bender, L., *Forma iuridica celebrationis matrimonii,* Roma, Paris, New York, Tournai, 1960.

Busembaum, H., *Theologia Moralis*, Roma 1757.
Carriero, A., *De sponsalibus et matrimoniis*, Francofurti, 1599.
Castro Palao, *Opus Morale*, Lugduni, 1669.
Dauvillier, J., *Le mariage dans le droit canonique de l'Eglise depuis le décret de Gratien (1140) jusqu'a la mort de Clement V (1314)*. Paris, 1933.
De Luca, M., *Summa praelectionum in lib. decretalium comm., in IV lib.*, Prato, 1904.
De Smet, A., *Tractatus theologico-canonicus de sponsabilibus et matrimonio*. Ed. 4 Brugge, 1927.
Dieckhoff, W., *Die kirchliche Trauung, ihre Geschichte im Zusammenhange mit der Entwicklung des Eheschliessungsrechts und ihr Verhältnis zur Civilehe*. Rostock, 1878.
Donatuti, G., *Le praesumptiones iuris in diritto Romano*. Perugia, 1931.
Dossetti, *La violenza nel matrimonio in diritto canonico*. Milano, 1943.
Engel, L., *Collegium universum iuris canonici servato ordine Decretalium*, (lib. 4, *De Matrimonio*), Venetiis, 1718.
Escobar, A., *Universae theologiae moralis*, t. III, Lugduni, 1652.
Esmein, A. - Genistal, *Le mariage en droit canonique*. 2 vol. Ed. 2 Paris, 1929.
Fahrner, L., *Geschichte des unauflöslichkeitsprinzips und der vollkommenen Scheidung der Ehe im kanonischen Recht*. Freiburg in Brisgau, 1903.
Ferraboschi, M., *Il matrimonio sotto condizione*. Padova, 1937.
Ferrante, J., *Elementa juris canonici*, Romae, 1854.
Ferrari J., *Summa institutionum canonicarum*, Ed. 4, Genuae, 1889.
Freisen, J., *Geschichte des Canonischen Eherechts bis zum Verfall der Glossenlitteratur*. Paderborn, 1893.
Friedberg, E., *Verlobung und Trauung zugleich als Kritik von Sohm: Das Recht der Eheschliessung*, Leipzig, 1876.
—, *Ehe und Eheschliessung im deutschen Mittelalter*, Berlin 1864.
—, *Das Recht der Eheschliessung in seiner geschichtlichem Entwicklung*. Leipzig, 1965.
Galtier, F., *Le mariage*, Beyrouth, 1950.
Gasparri, P., *Tractatus canonicus de matrimonio*. Vol. 2 Paris 1891.
Giacchi, O., *In consenso nel matrimonio canonico*. Milano, 1950.
Giraldi, U., *Expositio iuris pontificii*, Romae, 1830.
Gutierrez J., *De juramento confirmatorio;* I Coloniae Allabrogum, 1730.
Haeger, R., *Willensmängel bei Eheabschluss nach kanonischen und staatlichen Recht unter Berücksichtigung der neuesten Rechtssprechung der S. R. Rota*. Berlin, 1941.
Heiner, Franz, *Grundriss des katholischen Eherechts*, Münster, 1900.
Hormann, W., von. *Die desponsatio impuberum. Ein Beitrage zur Entwicklungsgeschichte des canonischen Eheschliessungsrecht*. Innsbruck, 1891.
—, *Die Tridentinische Trauungsform in Rechtshistorische Beurteilung*, (Inaugural Rede). Ternowitz, 1906.

—, *Quasiaffinität. Rechtshistorische Untersuchungen über Affinitätswirkungen des Verlöbnisses nach weltlichem und kirchlichem Rechte.* Innsbruck t. I, 1897; t. II, 1906.

HUIZING, P., *Schema structurae iuris canonici latini de matrimonio, cum notis bibliographicis*, (ad modum manuscripti) Romae, 1936.

HUSSAREK Von - HEINLEIN M., *Die bedingte Eheschliessung eine kanonistische Studie.* Wien, 1892.

KRIMER, F., *Quaestionum canonicarum in quinque libros decretalium*, t. *IV*, Augustae Vindelicorum, 1702.

LEITNER, M., *Lehrbuch des katolischen Eherechts*, Paderborn, 1902.

LINNEBORN, J., *Grundriss des Eherechts nach dem Codex iuris Canonici*, Paderborn, 1933.

LONGO, G., *Ricerche Romanistiche*, Milano, 1966.

LUPI, J., *Tractatus vere catholicus de matrimonio et legitimatione. Tractata diversa*, Venetiis, 1610.

MASCHAT, Remigius a s. Erasmo. *Institutiones canonicae Remigii Maschal a S. Erasmo.* A cura di *Ubaldi Giraldi.* Florentiae, 1854.

PECORELLI, R., *Juris Ecclesiastici maximi privati institutiones*, Neapoli, 1848.

PETERS, J., *Die Ehe nach der Lehre des Heiligen Augustinus.* Paderborn, 1918.

PICHLER, V., *Jus canonicum secundum quinque decretalium titulos.* t. I. Pisauri, 1758.

PIRHING, E., *Jus canonicum in V libros Decretalium distributum nova methodo explicatum, omnibus capitulis titulorum ... in ordinem doctrinae digestis. Adjunctis aliis quaestionibus connexis quae ad plenam eiusque tituli, aut materiae cognitionem et expositionem pertinent*, vol. 5. t. 4, Dilingae, 1674-1678.

PLACIDO BÖCKHN, P., *Commentarium in jus canonicum universum seu in quinque libros ac titulos decretalium.* Salisburgi, 1749.

PLÖCHL, W., *Das Eherecht des Magisters Gratianus*, Leipzig,-Wien, 1935.

PORTMANN, H., *Wesen und Unauflöslichkeit der Ehe in der kirchlichen Wissenschaft und Gesetzgebung des 11 und 12 Jahrhunderts.* Emsdetten, 1938.

RASI, P., *La conclusione del matrimonio nella dottrina prima del Concilio di Trento*, Napoli, 1958

REIFFENSTUEL, A., *Ius canonicunm universum*, (*Lib. 4 De sponsalibus et matrimonio*) Venetiis 1560, Antwerpiae, 1755.

RIEGER, J., *Institutionum jurisprudentiae ecclesiasticae*, pars 4, Venetiis, 1777.

ROSIGNOLO, G., *De matrimonio controversias*, Mediolani, 1886.

RIPAE, J. F., *In decretalium librum quartum absolutissima responsa*, Venetiis, 1586.

ROSSET, M., *De sacramento matrimonii*, t. I + II, Monstralii, 1895.

RUINI, C., *Iuris-consul. Responsorum sive conciliorum*, vol. I, Venetiis, 1571.

Salzano, M. V., *Lezioni di diritto canonico publico e privato*, Napoli, 1841.
Schäfer, T., *Das Eherecht*, Münster, 1924.
Scherer, R Von, *Handbuch des Kirchenrechts*, 2 Bd. Graz, 1886-1898.
Scheurl, A., *Die Entwicklung des kirchlichen Eheschliessungsrecht*, Erlangen, 1877.
Schillebeeckx, E., *Het huwelijk. Aardse werklijkheid en heilsmysterie*. t. I, Bilthoven, 1963.
Schmalzgrueber, F., *Jus ecclesiasticum universum*. (Lib. 4 Sponsalia et matrimonium) Romae, 1844.
Schmier, F., *Jus canonicum universum juxta libros Decretalium*, Ed. 2 Salisburgi, 1729.
Schulte, J. F., *Handbuch des katholischen Eherechts*, Giessen, 1855.
Sehling, E., *Die Wirkungen der Geschlechtsgemeinschaft auf die Ehe*, Leipzig, 1883.
—, *Die Unterscheidung der Verlöbnisse im kanonischen Recht*, Leipzig, 1887.
Sohm, Rudolf, *Trauung und Verlobung, eine Entgegnung auf Friedberg: Verlobung und Trauung*, Weimar, 1876.
Van Hove, A., *Prolegomena*. Mechliniae- Romae, 1928.
Vecchiotti, S. M., *Tractatus canonicus de matrimonio*, Taurini 1868.
Verani, C. F., *Juris canonici universi commentarius particolaris*, t. 4, Monachi, 1706.
Viva, D., *Cursus theologico-moralis*, lib. 2, Beneventi, 1737.
Vlaming, Th. M., *Praelectiones iuris matrimonii*, Bussum, 1919[3]
Wernz, F., *Ius decretalium*, t. 4, Prati, 1911.
Widmann, F. S.,*Sponsalia et matrimonium seu decretalium Greg. IX*, Vind. et Oeniponti, 1760.
Wiestner, *Institutiones canonicae. Lib. 4. De sponsalibus et matrimonio*, Monachii 1705-1706.
Zallinger, J. A., *Institutiones juris ecclesiastici*, Romae, 1832.
Zoësius, H., *Commentarius in jus canonicum universum sive ad Decretales epistolas Gregorii IX*, Venetiis, 1757.

ARTICLES

Analecta Juris Pontifici, *Remarques sur le Décret de Gratiens*, vol. 17, col. 672-685.
Andrieu-Guitrancourt, P., *De sponsalibus primaevae Ecclesiae et de iuramento adnexo medii aevi tempore*. Apollinaris, t. 9 (1936) 219-242.
Freisen, J., *Zur Geschichte des canonischen Eherechts*, AfkK 61 (1891) 369-392.
Scherer, R. Von, *Zur Geschichte des canonische Eherechts*, AfkK., 65 (1891) 353-390.
Leitner, M., *Ueber die Matrimonia praesumpta*. AfkK., 76 (1896) 251-264.

BLIEMETZRIEDER, F. P., *Gratian und die Schule Anselms von Laon*, AfkK., 112 (1932) 37-63.

—, *Paul Fournier und das literarische Werk Ivos von Chartres*, AfkK., 115 (1935).

GILMANN, F., *Zur christlichen Ehelehre*, AfkK., 116 (1936) 98-99.

KUNSTMANN, F., *Das Eherecht des Bischofes Bernhard von Pavia*, AfkK., 6 (1861) 3-14, 217-262.

CIPROTTI, P., *Il matrimonio presunto*, Archiv. di diritto Ecclesiastico, (1940) 298-317, 446-465.

ORESTANO, R., *Sul matrimonio presunto in diritto Romano. Atti Congresso internazionale di diritto Romano*, Verona, 3 (1951) 47-65.

GISMONDI, P., *La forma nel matrimonio canonico fino al Concilio di Trento. Atti del Congresso int. diritto romano*, 4 (1948) 373-411.

BRANDILEONE, F., *Die Subarrhatio cum anulo, Ein Beitrag zur Geschichte des mittelalterlichen Eheschliessungsrechts, Deutsche Zeitschrift für Kirchenrecht*, 3ᵉ serie, t. 3 (1901), 311-340.

OESTERLE, G., *Praesumptio iuris aut fictio iuris?* E. I. C., 2 (1946) 92-103.

ANNE, L., *La conclusion du mariage dans la tradition et le droit de l'Eglise jusqu'au VI siècle, Ephemerides theologicae Lovaniensis*, 12 (1935), 513-550.

PHILIPPE, E., *Étude historique sur les origines et le développement du droit matrimonial dans l'église. Le canoniste contemporain*, 161 (1891), 173 (1892).

MOTZENBÄCKER, R., *Die Rechtsvermutung im Kanonischen Recht, Münchener Theologische Studien* 10 (1958) III, *Kanonistische* Abteilung, München.

WEIGAND, R., *Die bedingte Eheschliessung im kanonischen Recht, Münchener Theologische Studien* 16 (1963) III, Kanonistische Abteilung, München.

ROMAN, J., *Summa d'Huguccio sur le décret de Gratien d'après le manuscrit 3891 de la Bibliothèque nationale, Causa XXVII Quaestione II. Nouvelle Revue historique de droit français et étranger*, t. 27 (903) 745-805.

FOURNIER, P., *Deux controverses sur les origines du Décret de Gratien. Revue d'histoire et de Litterature religieuse*, 3 (1898) 97 ss., 253 ss.

RASI, P., *Le formalità nella celebrazione del matrimonio ed il concilio di Trento, Riv. stor. dir. it.*, 27 (1954), 189-207.

—, *La conclusione del matrimonio prima del Concilio di Trento, Rivista di Storia del Diritto Ital.*, t. 16 (1944), 233-321.

—, *Il diritto matrimoniale nel glossatori. Studi di storia e diritto in onore di Carlo Calisse*, Milano, 1940, Vol. 1, 127-158.

ODDI-BAGLIONE, A., *Il matrimonio condizionato. Studi di diritto privato italiano e straniero*, Padova, 1938.

VACCARI, P., *Dalla Summa de matrimonio alla Summa Decretalium di Bernardo da Pavia. Studi di storia e diritto in onore di Carlo Calisse*, Milano, II (1948), 337-353.

OESTERLE, G., *Dissolutio matrimonii rati et non consummati per subsequens matrimonium*, Studia Gratiana, Bononiae, 9 (1966) 27-43.

SEHLING, E., *Die Summa des Paucapalea und Stephanus von Tournay sowie die Sentenzen des Rolandus und ihr Eheschliessungsrecht*. Zeitschrift für Kirchenrecht von Dove, 23 (1891), 252-265.

SCHEURL, A., *Consensus facit nuptias*. Zeitschrift für Kirchenrecht von Dove, 22 (1889) 269-286.

LE BRAS, G., *La doctrine du mariage chez les théologiens et les canonistes depuis l'an mille*. Dictionnaire de Théologie Catholique, 1927, t. 9, col. 2123-2317.

INTRODUCTION

« L'Eglise, au cours de son pèlerinage, est appelée par le Christ à cette réforme permanente dont elle a perpétuellement besoin en tant qu'institution humaine et terrestre. Si donc, par suite des circonstances, en matière morale, dans la discipline ecclésiastique, ou même dans la formation de la doctrine, qu'il faut distinguer avec soin du dépôt de la foi, il est arrivé que, sur certains points, on se soit montré trop peu attentif, il faut y remédier en temps opportun d'une façon appropriée »[1].

Vatican II nous invite à adapter autant que possible la formulation de la doctrine de l'Eglise *et la discipline ecclésiastique* aux besoins de notre époque comme aux diverses cultures. Un des problèmes les plus graves que rencontrent les missionnaires est celui de l'adaptation aux cultures indigènes de la législation canonique concernant le contrat de mariage. C'est pourquoi nous avons voulu étudier le développement d'une théorie particulière de la formation du lien conjugal à travers l'histoire du mariage présumé.

Sans nous arrêter à quelques définitions totalement inadéquates[2], nous pourrions synthétiser comme suit les définitions du mariage présumé, généralement admises par les auteurs: « Un mariage contracté, non par échange explicite du consentement mutuel, mais par échange présumé de ce même consentement; la présomption de droit est basée sur des probabilités qui excluent toute preuve du contraire »[3].

---

[1] *Decretum de Oecumenismo*, n. 6, traduction de l'édition Centurion, 1967.

[2] SCHAEFFER T.: *Handbuch*, 78; LINNEBORN J.: *Grundriss*, 67; DE SMET A.: *De sponsalibus et matrimonio*, n. 158, p. 135.

[3] LEITNER M.: *Ueber die matrimonia praesumpta* AfkK., 76 (1897) 253. ' Ein praesumirte Ehe is eine Ehe, welche das kirchliche Gesetz mit Notwendigkeit erschliesst aus dem Vorhandensein des Eheversprechens und der darauffolgenden geschlechtlichen Verbindung '; HEINER F.: *Grundriss der katholichen Eherechts*, 2. ' Ein matrimonium praesumptum liegt dann vor, wenn das Recht selbst auf Grund irgend einer Tatsache das Bestehen einer ehelichen Verbindung annimmt und einen

Il suffit cependant de comparer rapidement cette définition avec les trois genres de mariage présumé, traditionnellement reconnus [4], pour conclure qu'elle ne les inclut pas tous les trois. L'institution en effet est le résultat d'une évolution très complexe du droit. Il est certain que la définition s'applique au genre le plus typique de mariage présumé: sponsalia de futuro suivies de relations sexuelles. Mais nous ne pouvons en dire autant du mariage (ou des fiançailles) contracté sous condition et suivi d'union sexuelle. Dans ce second cas en effet, le consentement est exprimé formellement. Il en va de même dans le troisième genre: un mariage contracté par un mineur d'âge et confirmé plus tard par un signe permettant d'affirmer la permanence de la volonté chez le contractant qui a atteint l'âge adulte. Dans ce dernier cas, le consentement est exprimé de façon formelle, bien que l'impedimentum aetatis le rende inefficace.

Pour mieux saisir la nature du mariage présumé et définir les genres traditionnellement reconnus, pour rechercher les vestiges possibles de cette institution dans le droit actuel, il nous semble nécessaire d'examiner comment elle est entrée dans l'histoire du droit, comment elle s'est développée et comment elle est tombée en décadence.

L'Eglise a élaboré progressivement un droit matrimonial proprement ecclésiastique. Dans cette étude, nous verrons comment le pape Alexandre III en arrive à formuler une doctrine homogène sur la formation du lien conjugal, après une controverse de deux siècles entre l'école de Bologne, représentée par Gratien et celle de Paris, représentée par Pierre Lombard. Alexandre III affirme que le consentement de praesenti est la cause du lien conjugal, sans pour autant nier toute valeur au consentement de futuro: c'est à dire que l'union sexuelle qui suit la promesse établit une présomption de consentement et crée dès lors un véritable lien conjugal. Cherchant à concilier l'enseignement des deux écoles, le pape accepte donc une double possibilité de formation du lien conjugal. Grégoire IX exprimera la seconde possibilité en utilisant la terminologie de Huguccio. Celui-ci fut le premier à affirmer de

---

Beweis für das Nichtbestehen derselben nicht zulässt, ausser dass die Tatsache, auf welcher die Annahme gründet, als nicht vorhanden bewesen wird'.

[4] SCHMALZGRUEBER F.: *Jus ecclesiasticum universum*, t. 9, pars 1, 105; DE LUCA M.: *Summa praelectionum*, n. 474, p. 123; GASPARRI P.: *Tractatus canonicus*, 237.

façon explicite que l'acte conjugal qui suit un consentement de futuro (auquel il avait d'abord nié toute valeur dans la formation du lien conjugal) permet de présumer un consentement de praesenti. (Chapitre I).

Une fois reconnue la présomption du lien conjugal, les décrétalistes ne tarderont pas à la justifier et à lui trouver de très larges applications. Bientôt, de trop larges applications et des conceptions modifiées du contrat de mariage, engendreront des confusions avec le mariage clandestin et susciteront beaucoup de difficultés (Chapitre II).

Pour protéger l'institution du mariage et éviter les abus, l'Eglise imposera la forme canonique qui exige la présence du curé et de deux ou trois témoins. La publicité du contrat supprimera les mariages clandestins et les figures primaires du mariage présumé, caractérisées par le manque de publicité. Les figures secondaires du mariage présumé seront abolies par le Code de Droit Canon.

Celui-ci exige le renouvellement explicite du consentement en cas de vice de consentement de praesenti. Il accepte cependant la sanatio in radice du contrat de mariage, convalidation du lien conjugal qui rappelle le mariage présumé: en effet, dans ce cas limite, la présomption joue en faveur du lien, sur la base d'un consentement vicié, mais confirmé par la vie conjugale subséquente. (Chapitre III).

Chapitre I

L'ORIGINE DU MARIAGE PRESUME

Notions Préliminaires

a) *La présomption en général*

Comme le mot l'indique, il s'agit d'une conjecture, fondée sur des vraisemblances et non sur des preuves.

On peut établir une présomption de deux maniéres: soit qu'à partir d'un fait certain, on induise la certitude d'un autre fait parce qu'ils sont normalement liés l'un à l'autre [1]; soit qu'à partir d'une règle générale, on déduise la vérité d'un cas particulier. La présomption tient donc de l'induction et de la déduction. Nous ne pouvons cependant pas parler de véritable induction ou déduction, parce que la liberté humaine se trouve engagée et que nous ne pouvons dès lors obtenir qu'une certitude conjecturale.

Etant donné l'aspect conjectural de la présomption, celle-ci présente toujours un caractère d'instabilité: praesumptio cedit veritati. Même si la présomption offre une certitude suffisante à l'acte humain, elle devra céder la place à la vérité. La vérité en effet peut confirmer la présomption et la rendre superflue; la vérité peut également donner tort à la présomption et la rendre impossible. Dès qu'il y a certitude, la présomption n'a plus de raison d'être: praesumptio est rei incertae probabilis conjectura [2].

C'est ici qu'apparaît la différence entre la présomption et la fictio juris. La fictio juris est une disposition du droit qui va à l'encontre de la vérité: fictio juris est legis adversus veritatem, in re possibili, ex justa causa dispositio [3]. On ne doute

---

[1] De Nicollis L. V.: *Jus canonicum casibus,* t. 2, 386.
[2] Can. 1825, § 1.
[3] Reiffenstuel A.: *Jus canonicum universum*, lib. 1, tit. 2, 8; Cf. G. Oesterle: *Praesumptio juris aut fictio juris,* E. I. C., 2 (1946) 94; Comparez Gasparri F. M.: *Institutiones canonicae,* par. 3 tit. 8, 284.

pas de la vérité; au contraire, celle-ci est connue avec certitude. Par équité cependant, on prendra une disposition contraire à la vérité, dans le cas p. e. des enfants issus d'une relation qui deviendra plus tard un mariage: par une fictio juris, ces enfants sont considérés comme issus d'un mariage valide. Par contre, la présomption ne joue qu'en cas de doute et sert plutôt à trouver la vérité [4]. Nous pouvons la définir comme suit: rei dubiae conjectura seu judicium ex aliquo signo vel judicio verisimili orta et probationis loco allegata [5].

En quelques mots voici la différence entre la présomption et la fictio juris. La fictio juris ne s'accorde jamais avec la vérité et, par définition, n'admet pas la preuve du contraire. La présomption correspond en général à la vérité et admet toujours la preuve du contraire, du moins la preuve indirecte [6].

b) *La présomption juris tantum et la présomption juris et de jure.*

La présomption peut être à la base d'une loi, sans être pour autant mentionnée par cette loi. Le can. 1060 p. e. présume qu'un mariage mixte présente un danger pour la foi du conjoint baptisé.

Il est plus important pour nous d'étudier la présomption qui fait l'objet même de la loi, p. e. le can. 1015: il s'agit ici d'une praesumptio juris, établie par la loi. Nous pouvons disstinguer entre juris tantum et juris et de jure.

Juris tantum est la présomption établie par la loi pour permettre d'aboutir à une solution dans un cas douteux, tout en maintenant la possibilité d'une preuve du contraire [7]. Juris et de jure est la présomption établie par la loi, mais de plus, proposée comme la vérité, de sorte qu'aucune preuve directe du contraire ne soit possible [8]. La présomption jouit donc ici d'une force telle qu'elle en perd pratiquement son caractère conjectural et ne cède pas à la vérité lorsque celle-ci s'impose.

---

[4] Cardoso A.: *Summa seu praxis SS can lib. utilissimus*, 284.
[5] Schmalzgrueber F.: *Jus ecclesiasticum universum*, t. 2, pars 2, 211.
[6] Abbas Panormitanus: *Commentarius in quartum et quintum*, t. 7, ad c. 30, X, 4, 1, n., 4.
[7] Canisus H.: *Opera quae de jure*, lib. 2, tit. 3, 122; Salzano M.: *Lezioni di diritto*, t. 4, 55.
[8] Canisus H.: *Opera quae de jure*, lib. 2, tit. 3, 122; De Nicollis L. V.: *Jus canonicum casibus*, t. 2, 386; Salzano M.: *Lezioni di diritto*, t. 4, 55; Gasparri F.: *Institutiones canonicae*, par. 3, tit. 8, 284.

Dans le second cas, la présomption ressemble fortement à la fictio juris. Il reste cependant que la fictio juris, par définition, n'admet pas la preuve du contraire, tandis que la praesumptio juris et de jure admet une double preuve indirecte à la praesumptio juris et de jure, en montrant que l'un ou l'autre élément nécessaire à l'établissement de la présomption fait défaut [9]. En second lieu, il est toujours permis à celui qui bénéficie d'une présomption, d'y renoncer en déclarant devant la justice que la présomption va à l'encontre de la vérité (confessio).

A notre avis, nous trouvons ici l'explication du fait que le mariage présumé reconnu par Gregoire IX [10], après avoir été déclaré juris et de jure, n'amet aucune preuve du contraire, sinon une preuve indirecte. On ne peut faire appel à la confessio puisque la présomption ne joue pas en faveur de l'un ou de l'autre conjoint, mais bien en faveur du mariage. La confessio de l'un ou de l'autre conjoint ne peut être alléguée contre la présomption juris et de jure du mariage.

A. La formation du lien matrimonial dans l'Eglise d'Occident

On ne peut aborder la question du mariage présumé qu'en le situant dans le développement de la théorie générale de la formation du lien conjugal. C'est pourquoi nous étudierons d'abord le problème de la formation de ce lien dans l'évolution de la doctrine de l'Eglise à travers les siècles.

1. *L'attitude de l'Eglise en face du contrat de mariage païen.*

Bien que l'intervention de l'Eglise aux 10e et 11e ss. se limite plutôt au plan moral et pastoral, nous pouvons cependant nous demander comment les chrétiens des 11 premiers siècles concevaient l'origine du lien matrimonial. Il nous faut distinguer deux périodes: la première jusqu'à la chute de l'Empire romain d'Occident, la seconde après l'invasion de l'Occident par les barbares.

---

[9] Mariani Socini: *Aurea ac pene divina,* ad c. 30, X, 4, 1, n. 56, 155.
[10] Cf. pag. 94.

a) *Avant la chute de l'Empire romain d'Occident* [11].

Il est certain que durant les premiers siècles, le mariage des chrétiens est une affaire familiale, soumise aux lois civiles: on exige des chrétiens, comme des païens, qu'ils échangent leur consentement selon les normes prescrites [12]. C'est ce qu'impose le Synode de Laodicée qui affirme, une fois de plus, la nécessité d'un contrôle public sur le mariage des chrétiens [13]. Mais déjà plus tôt, Tertullien nous dit dans son « Ad Uxorem » que les chétiens se conforment également aux Instruments [14]. A proprement parler, l'Eglise n'impose aucune forme juridique qui lui soit propre au contrat de mariage [15]. Elle limite son intervention au domaine pastoral. C'est ainsi qu'elle défend aux chrétiens de prendre part à l'offrande qui accompagne les solennités du mariage païen [16]. Dans quelques cas, il est demandé aux chrétiens de ne contracter mariage qu'après avoir obtenu l'approbation de l'évêque [17]; mais cette règle n'est guère observée. On peut certainement affirmer que l'approbation n'est pas exigée pour la validité du mariage, sauf dans trois cas vraiment exceptionnels et d'ailleurs assez obscurs. C'est ainsi que l'approbation est requise pour le mariage entre personnes qui ne peuvent se marier selon le droit romain (le mariage avec un esclave), pour le mariage avec un clerc qui a reçu les ordres mineurs, pour le mariage avec un catéchumène [18].

Peu à peu, les cérémonies et les prières chrétiennes remplaceront, en partie au moins, les usages païens, mais le mariage des chrétiens reste une affaire de famille, comme celui des païens, réglé par l'adage: consensus facit nuptias non concubitus [19]. Selon le droit romain justinien, on ne peut présu-

---

[11] Ici nous suivrons principalement SCHILLEBEECKX E.: *Het huwelijk*.

[12] PORTMANN H.: *Wesen und Unauflöslichkeit*, 25.

[13] Synode de Laodicée, MANSI, Pars 2, 363.

[14] *Ad Uxorem*, 2, 3, P. L. t. 1, col. 1292-1293.

[15] SCHILLEBEECKX E.: *Het huwelijk*, 173.

[16] *De pudicitia* 4, P. L. t. 1, col. 1685; Synode de Laodicée, c. 53, MANSI, t. 2, 571-573.

[17] IGNACE DE ANTIOCHE, *Ad Polycarpum*, 5, 2, FUNK, *Didascalia et Constitutiones Apostolorum*, pars 1, Paderborn, 1906, 292.

[18] SIRICIUS (384-399), *Epist. ad Himerium*, c. 8, P. L. t. 13, col. 1141-1143. INNOCENTIUS I (404), *Epist. ad Victorium*, c. 4-6, P. L. t. 20, col. 473-477.

[19] D. 35, 1, 15; 50, 17. 30; 1. 32. 13; 23, 2. 11; 39, 5, 31 pr., Codex iuris civilis ed. Krüger.

mer un mariage, précisément à cause de l'obligation de respecter la forme. C'est pour cette raison que l'obligation faite également aux chrétiens d'échanger leur consentement suivant une forme juridique déterminée, exclut la possibilité d'une présomption. Cette affirmation est confirmée indirectement par le Concile d'Elvire (306) au can. 54 [20]. « Si qui parentes fidem fregerint sponsalium, triennii tempore abstineantur. Si tamen iidem sponsus vel sponsa in gravi crimine fuerint deprehensi, excusati erunt parentes; si in eisdem fuerit vitium, et polluerint se, superior sententia servetur ». La relation sexuelle entre fiancés est appelée « pollution », ce qui serait incompréhensible si, pour l'Eglise, des fiançailles suivies de relations sexuelles devenaient un véritable mariage.

b) *Après l'invasion des peuples germaniques.*

Les peuples germaniques introduisirent dans la Chrétienté de nouvelles formes de contract de mariage. Ici encore l'Eglise se placera plutôt sur le plan moral. Elle accepte ces nouvelles formes dans la mesure où elles ne s'opposent pas à l'Evangile. Les formes de consentement matrimonial qui sont valides pour les non-convertits le sont également pour les chrétiens [21], si bien que pour eux, l'adage « consensus facit nuptias » n'est pas valable. Bien sûr ici aussi, tout au moins après que le mariage mundium fut tombé en désuétude, le consentement des parties est mis en valeur. Cependant, la tradition de la fiancée par le père ou par le tuteur est absolument nécessaire pour la validité des mariages germaniques; elle l'est par conséquent aussi pour la validité des mariages contractés par des chrétiens selon ce même droit [22]. Nous pourrions donc dire que *consensus confirmatus traditione puellae nuptias facit.* Puisque la tradition de la fiancée est considérée comme un élément essentiel du mariage [23], il est évident qu'il ne peut être question de mariage présumé. Deux éléments sont également essentiels pour la formation du lien conjugal: le consentement et la tradition; on ne peut donc dire que la tradition pourrait servir de base conjecturale valable à la présomption de l'échange de consentement qui donnerait naissance au lien conjugal.

Jusqu'au 11e s. nous trouvons donc deux formes fonda-

---

[20] Conc. de Elvira, c. 54, MANSI, t. 2, col. 14.
[21] FRIEDBERG E., *Das Recht der Eheschliessung*, 8.
[22] SCHILLEBEECKX E.: *Het huwelijk*, 178.
[23] Comparez FRIEDBERG E.: *Verlobung und Trauung*, 25.

mentalement différentes de consentement matrimonial, toutes les deux reconnues comme valides par l'Eglise. D'une part, la forme romaine, selon l'adage : « Consensus facit nuptias non concubitus » ; d'autre part, la forme germanique qui, au delà des différences nationales, peut se définir ainsi : « Consensus traditione puellae confirmatus facit nuptias ».

Il faudra encore deux siècles de controverses avant que le pape Alexandre III unifie les différentes théories sur le contrat de mariage.

2. *Vers une théorie proprement ecclésiastique du contrat de mariage.*

a) *Chez les théologiens*

Les écrits du Pseudo-Isidore visaient surtout à libérer l'Eglise de l'emprise civile et à développer une forte discipline ecclésiastique sous une hiérarchie puissante [24]. Sous leur influence les auteurs accentuent la distinction (sans parler d'opposition) entre la hiérarchie ecclésiastique et le pouvoir séculier. Les théologiens de leur côté, s'appuyant sur le caractère sacramentel du mariage, réfléchissent avec un zèle extraordinaire sur l'origine du mariage. Il est normal dès lors qu'ils s'efforcent de préciser quels sont les éléments nécessaires à la validité du mariage. En d'autres mots ils veulent déterminer l'origine du lien matrimonial.

Hincmar de Reims, partant d'un texte de Léon I [25], prétend que le mariage n'existe vraiment que par la consommation :

> Unde cum societas nuptiarum ita ab initio constituta sit, ut praeter sexuum coniunctionem haberet in se Christi et Ecclesiae sacramentum, dubium non est eam mulierem non pertinere ad matrimonium in qua docetur nuptiale non fuisse mysterium [26].

Hincmar raisonne comme suit : un vrai mariage est indissoluble, parce que, à côté de l'union des sexes, on y trouve aussi

---

[24] STICKLER A. M. : *Historiae iuris canonici,* 124.

[25] 'Unde cum societas nuptiarum ita a principio sit instituta, ut praeter commixtionem sexuum, quae haberet in Christi et Ecclesia sacramentum, dubium non est illam mulierem non pertinere ad matrimonium, in qua docetur non fuisse nuptiale misterium'. P. L. t. 67, col. 289.

[26] *De divortio Lothario et Tetbergae,* Inter. IV, P. L. t. 125, col. 650, b.

le sacrement du Christ avec son Eglise. Or ce sacrament n'est donné qu'au moment où les conjoints sont devenus un seul corps par la première union sexuelle. Chaque mariage vrai entre chrétiens est sacrement, mais seulement après l'union sexuelle [27].

Partant de la sacramentalité du mariage, Hincmar de Reims accepte sans restriction le point de vue du droit germanique : le mariage chrétien ne se réalise qu'après la traditio puellae, mieux encore après l'union sexuelle; celle-ci est l'acte constitutif du mariage. Hincmar admet certainement l'importance du consentement; c'est le consentement qui transforme l'acte fornicateur en une authentique union conjugale.

Pierre Damien (1072) réagit contre cette théorie extrême :

> Cum ergo luce clarius constat, quia Beata Dei Genitrix Virgo non nupsit et tamen juxta scripturae sententiam, absque dubio nuptias celebravit, quomodo dicitur, ubi concubitus defuit, nuptias dici non posse? Nos autem e diverso libere profitemur, et concubitum sine nuptiis fieri, et sine concubitu recte nuptias appelari. Sunt enim aliquando nuptiae virginales [28].

Sans s'attarder à d'autres difficultés, p. e. celles du caractère public d'un contrat matrimonial conclu par l'union sexuelle, Damien relève surtout la difficulté que la doctrine de Hincmar fait naître concernant le mariage de Marie et Joseph. Si nous ne voulons pas refuser à ce mariage le caractère sacramentel, nous devons reconnaître que le mariage existe également comme sacrement par le consentement. Concrètement cette hypothèse n'était pas une solution intéressante pour l'Eglise de France : l'impuissance y est reconnue comme empêchement du mariage, mais pas comme motif de séparation : cela serait incompréhensible dans la théorie extrême du consentement [29]. C'est pourquoi Damien cherche la solution dans une théorie mitigée qui dit que le mariage existe par le consentement, mais acquiert sa perfection par l'union sexuelle. « Consensu matrimonium initiatur et copula perficitur ». Gra-

---

[27] Comparez SEHLING E.: *Die Unterscheidung.* 45; SEHLING E.: *Die Wirkungen,* 27.
[28] *De tempore celebrandi nuptias,* P. L. t. 145, col. 659-664, surtout col. 662, c.
[29] Comparez SEHLING E.: *Die Unterscheidung,* 48 ss.

tien et l'Ecole de Bologne sont parmi les plus ardents protagonistes de la doctrine de Pierre Damien.

Par cette même théorie modérée de l'union sexuelle *Anselme de Laon* cherche à résoudre la contradiction entre deux séries de textes d'Ambroise et d'Augustin; d'un côté ils insistent sur le principe romain du mariage; de l'autre, ils considèrent l'union sexuelle comme constitutive du mariage. Le mariage naît par l'échange du consentement (causa efficiens du mariage), mais atteint sa perfection par l'union sexuelle, c'est à dire quand l'union entre le Christ et l'Eglise est réalisée [30].

Nous trouvons la même doctrine dans les *Ennarationes in Mattheum*; d'après Anselme le mariage atteint sa perfection par l'union sexuelle.

> « Si enim ipsa superit legem conjugii, potest eam homo a se separare, ut commistionem illam auferat sibi, quam violavit. *Sed tamen sacramentum conjugii remanet* ut non aliam ducat » [31].

Faisons remarquer que dans le traité du mariage à la fin des 'Sententiae' Anselme fait la distinction entre *Fides pactionis et Fides consensus.*

> « Duobus enim modis dicitur fides, scilicet fides pactionis et fides consensus. Si quis alicui mulieri dedit fidem pactionis, non debet aliam ducere. Si autem contingerit aliam ducere, penitentiam agat de fide mentita, et maneat cum illa quam duxit. Non enim rescindi debet tantum sacramentum. Si autem duxerit, dimittat ipsam et priori adhereat. Est autem fides pactionis, sicut quando aliquis promittit fidem alicui, quod ducat eam, si permanserit eum rem secum habere, vel etiam pro censu. Que fides pactionis etiam vite et corporis sanitati preferenda est. Fides autem consensus est quando, etiam si non constringat manum, corde et ore consentit ducenda, et mutuo se concedunt unus alteri et mutuo suscipiunt [32].

Nous retrouvons la même distinction chez *Guillaume de Champeaux* [33] et chez *Abélard*, quoique ce dernier emploie

---

[30] ANSELME DE LAON, *Systematische Sentenzen*. Ed. Bliemetzrieder, F. P.: *Beitrage zur Geschichte der Philosophie des Mittelalters*, t. 18, fasc. 3, Münster, 1919, 139-140.
[31] *Enarrationes in Mattheum*, P. L. t. 162, col. 1298c-1299a.
[32] ANSELME DE LAON: *o. c.*, n. 22, p. 147.
[33] *De connubio Wilhelmus de Champeaux*: 'Quod fides duobus

une autre formule ³⁴. Ces textes sont importants: pour la première fois la distinction est faite entre 'sponsalia de praesenti et sponsalia de futuro'. Cette distinction est à la base de la doctrine de Pierre Lombard (cf. infra) et même de la doctrine officielle de l'Eglise telle qu'elle sera décrétée par Alexandre III.

S'appuyant toujours sur la même distinction, *Hughes de Saint Victor* essaie d'élaborer une doctrine logique du mariage. Le mariage existe grâce à

> « talis consensus (societatis) ... inter masculum et foeminam ... ex eo statim conjugium est quem etsi postea copula carnis sequitur, nihil tamen conjugio amplius ad virtutem sacramenti confertur. Unde constat quod si vir vel mulier post talem consensum, ad alienam societatem transierit, etiamsi commistio carnis illic sequatur ad priorem tamen societatem in qua sacramentum conjugii sancitum est et postquam secunda copula illicita omnino judicatur redire debebit » ³⁶.

De peur qu'on ne le comprenne mal, il explique clairement que chaque 'desponsatio' n'a pas ce même effet d'indissolubilité, mais qu'il faut distinguer avec soin entre le 'consensus actualis' et la desponsatio:

> « Nomen desponsationis non ipsum coniugii consensum quo matrimonium firmatur, sed pactionem et promissionem futuri consensus significare in ipsa vocis expressione conjicimus quia et spondere non dare est aut facere sed promittere » ³⁷.

---

modis consideratur, fides pactioni et fides coniugii. Fides pactionis est qua promittit quod eam recipiet in suam. Fides conjugii, qua communi assensu accipit eam in suam, sive in sollemnibus, sive ante. Si quis vero simplicem illam pactionis fidem preterierit et aliam duxerit, illam quam duxerit teneat et de fide poenitentiam agat. Fidem vero conjugii nullo modo negligere potest, et si aliam duxerit necessario eam dimittet et priorem suam ducet'. Cité par Bliemetzrieder F. P.: *Paul Fournier und das literarische Werk Ivos von Chartres*, A. f. k. K., 115 (1955) 78-79.

³⁴ Petrus Abelaerdus: *Epitome theologiae christianae* c. 31, P. L. 178, col. 1745.

³⁵ Comparez avec Hörmann, W.: *Die Desponsatio*, 42.

³⁶ Hugo de St. Victor: *De sacramentis*, lib. 2, pars 11, *De Sacramento conjugii*, P. L. t. 176, col. 485.

³⁷ *In Epistolam Iam ad Cor.* 9, 56, P. L. t. 185, col. 524.

Et encore :

> « sed considera quod longe aliud est promittere atque facere. Qui promittit nondum facit, qui autem facit jam facit quod facit... Qui ergo se promisit uxorem ducturum, nondum tamen uxorem duxit; et quae spopondit se nupturam nondum nupsit, nec conjugium adhuc fuit, sed futurum esse debuit. Cum autem postea et ille uxorem duxit et illa marito nupsit, jam conjugium utriusque fuit, et non poterit dissolvi quod factum est » [38].

Remarquons ici que Hughes, quoiqu'il distingue avec force 'sponsalia de praesenti' et 'sponsalia de futuro' n'emploiera jamais le terme de 'sponsalia'. La plupart du temps, nous lisons chez lui pour exprimer l'idée de 'sponsalia de futuro' sponsio, promissio, juramentum de futuro, consensus se in futuro habiturum [39], et pour exprimer l'idée 'sponsalia de praesenti' nous trouvons par contre : consensus [40], praesens assensus [41], ou bien consensus materialis per verba de praesenti expressus [42].

En élaborant sa doctrine du mariage selon cette distinction, il se voit confronté à une double difficulté. D'une part, comment expliquer la dissolubilité du mariage non consommé : d'autre part, comment expliquer la sacramentalité du mariage entre Marie et Joseph, alors que l'Eglise a toujours enseigné que la sacramentalité du mariage dépend de la consommation, doctrine dont l'auteur ne veut pas s'écarter. Il pense avoir trouvé la solution dans une nouvelle conception du sacrement quand il s'agit de mariage. Il distingue entre 'sacramentum maius' appelé à l'existence par le consensus et qui peut être dissous et le 'sacramentum magnum' réalisé par le consensus confirmé par l'union sexuelle et qui est indissoluble.

> « Conjugium tamen verum et verum conjugii sacramentum esse, etiam si carnale commercium non fuerit subsecutum, imo potius tanto verius et sanctius esse, quando in se nihil habet unde castitas erubescat, sed unde charitas glorietur.

---

[38] *De Sacramentis*, lib. 2, pars 11, De sacramento conjugii, P. L. t. 176, col. 488.
[39] *O. c.*, l. c., 488.
[40] *Summa sententiarum*, tract. 7, c. 7, P. L. t. 176, col. 160.
[41] *De sacramentis*, lib. 2, pars 11, *De sacramento conjugii*, P. L. t. 176, col. 488.
[42] *In Epistolam Iam ad Cor.*, 9, 56, P. L. t. 175, col. 524.

> Nam et ipsum conjugium sacramentum est, sicut et ipsum officium conjugii sacramentum esse cognoscitur. Sed conjugium, ut dignum est sacramentum est illius societatis quae in spiritu est inter Deum et animam. Officium inter Christum et Ecclesiam. Scriptum est enim: " Erunt duo in carne una (Gen. 11); sed si duo in carne una, jam non duo sed una caro. *Hoc est sacramentum* quod ait Apostolus magnum in Christo et Ecclesia (Eph. 5) ad quod sacramentum pertinere non potest mulier cum qua noscatur non fuisse carnale commercium. Potest tamen pertinere ad aliud sacramentum non magnum in Christo et Ecclesia, sed majus in Deo et anima » [43].

Ainsi le mariage de Marie est-il, lui aussi, un sacrement.

> « Unde et de matre Domini Augustinus dicit, quod a prima desponsationis fide conjux vocata est Joseph, quam concubitu non cognoverat nec fuerat cogniturus. Et Ambrosius similiter: Desponsata viro conjugis nomen accepit. Cum enim initiatur conjugium tunc conjugii nomen assumitur, in quibus verbis, sicut supra dictum est si desponsationem accipimus in eo quando consensu maritali conjugium sancitur, recte tunc ipsum conjugium inchoari et nomen conjugis assumi dicitur » [44].

Comme l'auteur revient ainsi sur l'adage romain 'consensus facit nuptias', il ne faut pas s'étonner de découvrir chez lui une première trace du mariage présumé. Car, ne reconnaissant jamais à l'union sexuelle un rôle essentiel dans la réalisation du mariage, mais la considérant plutôt comme expression, signe, du consentement 'de praesenti', exigence essentielle et unique pour la réalisation du mariage, il ne lui reste qu'un pas à franchir pour arriver au mariage présumé. D'ailleurs, dans le 'De sacramentis, 1.2, pars 11, De sacramento conjugii' il reconnaît au consentement exprimé par des actes concluants une force contractrice de mariage [45]. Sehling E. croit en voir une confirmation dans le fait que selon Hughes dans 'Summa sententiarum, tractatus 7, c. 6'[46], un mariage

---

[43] P. L. t. 176, Lib. II, Pars XI, col. 482, a-b.
[44] Sehling, E.: *Die Unterscheidung,* 60 ss.
[45] Cf. note 39. Comparez avec Sehling, E.: *Die Unterscheidung,* 113-114: « Erblickte man den Inhalt des Erschliessungswielens in der copula, so lag nach dem selben Grundgedanken in dem freiwiligen Vollzuge der copula der Eheschliessungswille ausgesprochen, Dies ist so selbstverständlich dass es eine ausdrücklichen Zeugnisses gar nicht bedurfte ».
[46] *Summa sententiarum,* tract. 7, c. 6, P. L. t. 176, col. 159.

commencé par force est considéré comme convalidé par une libre cohabitation postérieure, parce que cette cohabitation libre est considérée comme exprimant le consentement qui fait le mariage.

Nous retrouvons la doctrine de Hughes parfaitement élaborée dans les 'Sententiae' du Lombard où, cherchant une solution aux textes contradictoires concernant la dissolubilité du mariage, il croit pouvoir la trouver en considérant les textes qui parlent d'un lien dissoluble, créé par la desponsatio, comme traitant du lien réalisé par la desponsatio de futuro et les textes qui, au contraire, parlent d'un lien indissoluble, en les considérant comme traitant du lien réalisé par la desponsatio de praesenti.

b) *Sur le plan juridique*

1. *En général*

Cette tension entre la théorie du consentement et la théorie de l'union sexuelle ne se manifeste pas seulement en théologie, car de plus en plus nous voyons surgir des difficultés pratiques. D'une part, l'Eglise se tient toujours à la forme locale du contrat de mariage pour les chrétiens: en-dehors de l'Italie par conséquent, elle suit plutôt la doctrine selon laquelle l'union sexuelle est nécessaire pour que le mariage existe vraiment, tandis qu'en Italie elle suit plutôt la conception romaine [47]; d'autre part la réforme grégorienne, qui luttait pour une hiérarchie forte, amenait avec elle une forte reconnaissance du droit romain et un retour aux décrétales des papes [48], décrétales que l'on urge de plus en plus même

---

[47] NICOLAUS I, c. 3 *ad consulta Bulgarorum* (866), MANSI, t. 15, col. 402-403: « Post sponsalia, quae futurarum sunt nuptiarum promissa foedera, quaeque consensus eorum qui haec contrahunt et eorum in quorum potestate sunt, celebrantur, et postquam arrhis sponsus sibi sponsam per digitum fidei a se annulo insignitum desponderit dotemque utrique placitam sponsus ei cum scripto pactum hoc continente coram invitatis ab utraque parte tradiderit, aut mox aut apto tempore, ne videlicet ante tempus lege definitum tale quid fieri praesumatur, ambo ad nuptialia foedera perducuntur. Et primum quidem in ecclesia Domini cum oblationibus quas offerre debent Deo per sacerdotis manum statuuntur, sicque demum benedictionem et velamen coeleste suscipiunt ... peccatum autem esse, si haec cuncta in nuptiali foedere non interveniant, non dicimus, quemadmodum Graecos vos adstruere dicitis, praesertim cum tanta soleat arctare quosdam rerum inopia, ut ad haec praeparanda nullam his suffrageretur auxilium; *ac per hoc sufficiat solus eorum consensus, de quorum conjunctione agitur* ».

[48] STICKLER A. M.: *Historiae iuris canonici*, 164.

en-dehors de l'Italie. Le pape Innocent II (1130-1143) fait entrer explicitement dans le droit ecclésiastique la distinction romaine des ' sponsalia ' :

> « Dico quod legitimo consensu interveniente ex eo statim conjux sit, quo spontanea concessione sese conjugem esse asserit. Non enim futurum promittebatur sed praesens firmabatur » [49].

Ceci ne résout cependant pas le différend qui durera encore deux siècles entre l'Ecole de Bologne et celle de Paris. Nous ne voyons en somme qu'un étrange spectacle où la doctrine de l'Eglise romaine ne cesse de se rapprocher de l'Eglise gallicane, tandis que l'Eglise de l'Italie du Nord tient fermement la théorie mitigée de l'union sexuelle acceptée et défendue par la vieille Eglise gallicane.

2. *L'origine du lien matrimonial selon Gratien, Lombard et leurs écoles respectives de Bologne et de Paris.*

a. *Gratien*

A l'encontre de beaucoup d'auteurs [50] nous partons, dans notre exposé, du fait que Pierre Lombard, dans son élaboration des ' Quatuor libri sententiarum ' s'est mis à l'école de Gratien [51] pour tout ce qui concerne le droit. Par conséquent, dans l'explication de la doctrine de Gratien, nous ne pouvons pas admettre l'hypothèse de Sehling E., selon laquelle Gratien aurait connu par Pierre Lombard la distinction entre sponsalia de praesenti et sponsalia de futuro, mais qu'en s'appuyant sur une autre doctrine sacramentelle il n'aurait pas voulu employer cette distinction. Nous ne voulons pas prétendre ainsi que Gratien n'aurait pas du tout connu cette distinction. Il aurait certainement pu la trouver chez Hughes de Saint Victor. D'ailleurs, que cette distinction ne lui soit pas inconnue, ressort de différents passages de son Décret: D. post c. un., C. 30, q. 2; c. 3, C. 30, q. 5; c. 4. 5. 9. 10, C. 36, q. 5 [52]. La difficulté principale que Gratien rencontra quand,

---

[49] Ed. Friedberg E.: *Quinque compilationes antiquae*, Comp. I\ua, IX, 1, 10, p. 44.
[50] Fournier P.: *Deux controverses sur les origines du Décret de Gratien*, Rev. Hist. et Litt. relig., 3 (1898) 106. Comparez avec Sehling E.: *Die Wirkungen*, 45; Sehling, E.: *Die Unterscheidung*, 84-86.
[51] Fournier P.: *Deux controverses sur les origines du Décret de Gratien*, Rev. Hist. et Litt. relig. 3 (1898) 107, 110.
[52] Sehling E.: *Die Unterscheidung*, 86, note 1.

en 1140 [53] il composa son décret en rapport avec les textes légaux qui concernaient le mariage, fut celle-ci: Comment expliquer les données contradictoires sur la dissolubilité du mariage. Une réponse adéquate à cette question n'est possible qu'à partir du moment où l'on peut établir quand il y a mariage réel, par conséquent quand sont vérifiés les éléments qui donnent son origine au mariage.

Pour énoncer le problème avec clarté, Gratien nous donne au cc. 1-15, C. 27, q. 2, des témoignages et des indications selon lesquels le mariage vient à l'existence par le consensus. Au cc. 16-32, C. 27, q. 2, il expose la doctrine opposée selon laquelle il n'y a pas de mariage avant que le consensus n'ait trouvé sa réalisation dans l'union sexuelle [54]. 'Non est inter eos matrimonium, quos non copulat commixtio sexus'. Nous trouvons dans D. gr. post c. 34, C. 27, q. 2 et expliquée dans les canons suivants, la solution de Gratien: L'opposition entre les différents textes peut être réduite, pense-t-il, en admettant un matrimonium initiatum dans la desponsatio et un matrimonium perfectum quand intervient l'union sexuelle subséquente.

> « Cuncta ergo, que de non separando conjugio inducta sunt, de perfecto intelliguntur, quod sponsali conjunctione est initiatum et offitio corporalis commixtionis est consummatum. Illa vero, quibus separabile conjugium ostenditur, de initiato intelliguntur, quod non offitio suo perfectum est » [55].

A présent nous allons essayer de voir comment Gratien comprend la desponsatio, quel rôle elle joue dans l'origine du mariage et quel rôle revient à l'union sexuelle.

Nous voulons répondre sans tarder que, d'après nous, Gratien ne voit ni dans la desponsatio, ni dans l'union sexuelle la cause efficiente du mariage; l'union sexuelle rend la mariage parfait, pourvu qu'il y ait d'abord desponsatio [56]. Par

---

[53] FOURNIER P.: *O. c.*, 280; Cf. STICKLER A. M.: *Historia iuris canonici*, 204.

[54] Comparez la conception opposée chez PLOECHL W.: *Das Eherecht des Magisters Gratianus,* 37. 'Cet auteur distingue quatre concepts différents': 'Gattin wird die Ehefrau erst durch den Vollzug, Frau wird die Verlobte durch den Konsensus, und Braut zu sein hört sie in der Regel auf mit den Vollzug'.

[55] FRIEDBERG E.: *Corpus juris Canonici,* pars I, Decretum, D. Gr. post c. 39, C. 27, q. 2.

[56] Voir DIECKHOFF W.: *Die kirchliche Trauung,* 129; D. Gr. c. 45; C. 27, q. 2.

conséquent la desponsatio contient tout ce qui est nécessaire pour qu'une fois que l'union sexuelle s'y ajoute il y ait mariage parfait. La desponsatio est donc un consentement matrimonial qui n'a pas besoin d'un renouvellement ni implicite, ni explicite [57] pour devenir par l'union sexuelle un mariage parfait.

Quand Esmein [58] traduit desponsatio par 'fiançailles', c'est à dire une promesse mutuelle de mariage, il ne rejoint pas du tout la pensée de Gratien. Suivant la terminologie moderne, il faudrait traduire avec plus de précision: matrimonium ratum. Mais même alors on ne ferait pas justice à la doctrine de Gratien, car son intention n'était certainement pas de créer une opposition entre fiançailles, matrimonium ratum, et matrimonium consummatum. Même s'il connaît la distinction entre desponsatio considérée comme jussio et repromissio futurarum nuptiarum d'un côté, et la desponsatio dans le sens de matrimonium initiatum de l'autre côté, il n'a pas voulu en parler. Il veut expliquer comment on peut appeler 'conjuges' des 'sponsi', dont on affirme en même temps qu'il n'y a pas de 'conjugium' entre eux. Gratien exprime cette réalité par desponsatio, sans se demander si desponsatio est 'de praesenti' ou 'de futuro' [59]. Pour lui desponsatio est la situation *où se trouvent des personnes qui s'appellent conjuges, alors qu'entre elles il n'y a pas de conjugium, parce que l'union sexuelle, élément nécessaire au mariage fait défaut.*

Scheurl [60] qui traduit desponsatio par 'Ehebegrundung', a raison dans la mesure où dans la desponsatio, se trouve tout ce qui est requis pour aboutir à un mariage parfait. Mais quand il prétend que la desponsatio n'est pas 'cocausa' du mariage parfait, il nous semble être infidèle à la pensée de Gratien [61].

Sehling E. [62] dit que la desponsatio est la cause efficiente du mariage; il a raison dans la mesure où il entend par mariage le matrimonium ratum de notre terminologie moderne. Il semble faire violence à la doctrine de Gratien, quand il prétend que la desponsatio seule est la cause du matrimonium perfectum.

Friedberg [63] ne veut pas voir dans desponsatio la cause

---

[57] Dauvillier J.: *Le mariage*, 11.
[58] Esmein A. - Genistal: *Le mariage*, t. 1, 110.
[59] Dieckoff W.: *Die kirchliche Trauung*, 129.
[60] Scheurl A.: *Die Entwicklung*, 761; Cf. Sehling E.: *Die Unterscheidung*, 87-91.
[61] D. Gr. post c. 45, C. 27, q. 2.
[62] Sehling E.: *Die Unterscheidung*, 87-91.
[63] Friedberg E.: *Verlobung und Trauung*, 29-30.

du mariage parce que chaque desponsatio ne réalise pas nécessairement un mariage. Il est fidèle à la doctrine de Gratien qui enseigne que chaque desponsatio n'a pas la même valeur. Mais Friedberg a tort de croire que chaque fois que Gratien oppose desponsatio à union sexuelle, il dénie à la desponsatio son efficacité quant à l'origine d'un mariage [64].

Nous pensons que Freisen J. [65] rend seulement l'idée de Gratien quand il considère la desponsatio comme condition sine qua non du contrat du mariage s'il veut ainsi exprimer que dans la desponsatio, on trouve tout ce qui est requis pour un mariage parfait, y compris la qualité de 'cocausa'.

Nous pensons pouvoir rendre la pensée de Gratien, quant au rôle de la desponsatio, comme suit: la *desponsatio* est un consensus matrimonialis, la desponsatio est *le consensus matrimonialis* [66], origine du *matrimonium ratum*, qui devient *matrimonium perfectum* dans l'union sexuelle [67].

La desponsatio donne-t-elle d'après Gratien naissance au lien matrimonial? A cette question il nous est impossible de répondre par oui ou par non; nous devons faire une distinction.

— Si nous entendons par lien matrimonial le lien réellement indissoluble et qui trouve son dernier fondement dans le caractère sacramentel du mariage, nous devons dire que la desponsatio ne fait pas naître ce lien. Selon Gratien le mariage sacrement est le mariage consommé et le lien vraiment indissoluble trouve son origine dans la 'desponsatio in copula'.

— Si nous comprenons par lien matrimonial le lien qui est dissoluble (quoique pas aussi facilement que dans le cas de fiançailles) [68], c'est à dire le lien qui existe entre des personnes qui s'appellent conjuges, sans qu'il y ait conjugium entre elles, nous devons dire que le lien matrimonial trouve son origine dans la desponsatio.

De ce qui précède ressort déjà clairement le rôle attribué par Gratien à l'union sexuelle dans la réalisation du lien conjugal. Avec le consensus elle est 'cocausa' du matrimonium perfectum:

« Non defloratio virginitatis, sed pactio conjugalis matrimonium facit ita intelligendum est: Coïtus sine voluntate con-

---

[64] SEHLING E.: *Die Unterscheidung*, 86.
[65] FREISEN J.: *Geschichte*, 169.
[66] DAUVILLIER J.: *Le mariage*, 11.
[67] D. Gr. post c. 45, C. 27, q. 2.
[68] SEHLING E.: *Die Unterscheidung*, 89; c. 17, C. 28, q. 1. Cf. ESMEIN A. - GENISTAL: *Le mariage*, t. 1, 122.

trahendi matrimonium et defloratio virginitatis sine pactione conjugali non facit matrimonium, sed precedens voluntas contrahendi matrimonium et conjugalis pactio facit, ut mulier in defloratione suae virginitatis, vel in coïtu, dicatur nubere viro, vel nuptias celebrare » [69].

Bienque nous ne trouvons aucun type de mariage présumé dans la synthèse de Gratien nous pouvons nous demander si un matrimonium praesumptum y est impensable. Dans une large mesure nous pouvons assimiler la desponsatio de Gratien à notre matrimonium ratum; nous sommes toutefois conscients d'élargir l'idée de Gratien, puisque nous faisons appel à une distinction qui lui était étrangère (ce qui ne veut pas dire qu'il ne la connaissait pas). En employant la terminologie moderne nous pouvons dire que la desponsatio est un échange de consentement matrimonial, qui ne doit pas être présumé à partir d'une base conjecturale. En outre l'union sexuelle est un élément essentiel à la formation du lien conjugal (nous ne disons pas lien matrimonial) qui doit être présent avec le consensus. Il est donc impossible que l'union sexuelle serve de base à la présomption du consentement, également nécessaire pourqu'un mariage se réalise. L'acte conjugal n'a jamais été une base suffisante pour conjecturer la réalisation du lien conjugal, mais bien la desponsatio (et plus tard aussi d'autres situations) suivie de l'acte conjugal (la cohabitatio). Dans la doctrine de Gratien le mariage existerait réellement et ne devrait pas être présumé.

b. *Pierre Lombard*

L'exégèse des textes de Gratien au sujet de la formation du lien matrimonial est ardue. Par contre la doctrine de Pierre Lombard est limpide. Pierre reprend fondamentalement la doctrine de Hughes de Saint Victor et comme lui, il distingue nettement la desponsatio de praesenti et la desponsatio de futuro. Sur cette distinction il construit avec une logique impeccable tout son traité du mariage.

Le mariage, sacrement et lien indissoluble, prend naissance dans l'échange du consentement de praesenti, sans que l'union charnelle doive suivre: 'Efficiens autem causa matrimonii est consensus non quilibet sed per verba expressus, nec de futuro sed de praesenti' [70].

---

[69] D. Gr. post c. 45, C. 27, q. 2.
[70] *Quatuor libri sententiarum*, lib. 4, dis. 27, c. 3, 917.

Pierre Lombard pense éluder la difficulté de certains auteurs qui parlent de 'conjuges' après la desponsatio en interprétant desponsatio dans le sens de desponsatio de praesenti.

A ce consentement qui fait naître le mariage, Pierre Lombard oppose les sponsalia de futuro, qui sont un consensus très semblable à nos fiançailles actuelles. D'après Lombard ces sponsalia de futuro n'aboutissent jamais au mariage, même si l'union sexuelle suivait.

Nous ne savons pas si pour Lombard, l'union charnelle, précédée d'une promesse de mariage, ne serait pas un signe suffisamment clair de l'échange du consentement matrimonial [71]. Bien sûr il écrit: '*consensus non quilibet sed per verba expressus*', mais D. 27, c. 3, montre que 'per verba' peut être compris dans le sens de signe. L'union sexuelle qui suit les sponsalia de futuro ne serait-elle pas un signe suffisant? Nous devons avouer que nulle part Pierre Lombard ne l'affirme explicitement. Même si l'union charnelle des futurs époux était un signe suffisant pour manifester l'échange du consentement matrimonial, nous ne contredirions pas ce que nous avons écrit plus haut, c'est à dire que Lombard considère les sponsalia de futuro comme tout à fait incapables d'aboutir à un mariage, car, le mariage naîtrait non pas en vertu des sponsalia de futuro, mais à cause du consentement de praesenti qui se trouve exprimé dans ce signe.

Quoique nous puissions soupçonner chez Lombard la possibilité d'un mariage présumé, nous devons éviter toute précipitation dans nos conclusions. Certes, l'union charnelle a joué plus tard un rôle important comme signe de l'echange du praesenti [72]; mais chez Lombard l'objet du consensus matrimonialis est plutôt identique à celui de Hughes de Saint Victor, c'est à dire la 'societas vitae' [73], la cohabitation. Par conséquent, à le suivre, nous pourrions plus facilement déduire, de la cohabitation, l'existence de l'échange du consentement.

Riccardus de Mediavilla dit:

> « sicut ex institutione sufficit ad contrahendum matrimonium consensus de presenti per verba vel alia signa expres-

---

[71] Cf. Scheurl A.: *Die Entwicklung*, 91.
[72] Cf. la doctrine de Huguccio (p. 64-67) introduite dans le droit ecclésiastique par Grégoire IX (p. 94), développée par les décrétalistes, (chap. 2). On pensait comme suit: Si le consensus a pour objet la copule, il aura certainement lieu dans la copule.
[73] *Quatuor libri sententiarum*, lib. 4, dist. 28, c. 4, 928.

sus, sic ex constitutione sufficit ad contrahendum matrimonium inter legitimas personas consensus in matrimonium praesens expressus per carnalem copulam in relationem ad verba quae consensum de futuro prius expresserant, quamvis neutrum praedictarum per se sufficeret ad praedicti consensus expressionem eo modo quo requiritur ad causandum matrimonium » [74].

Dans ce texte il s'agit plutôt d'une position personnelle de Riccardus, et pas tellement d'une explication de la pensée de Lombard. Cette interprétation revêt pour nous une grande importance, car elle confirme notre opinion que chez Pierre Lombard se trouve la *possibilité* d'un mariage présumé.

Peut-être pouvons-nous aller plus loin et parler d'une *certaine forme* d'un mariage présumé chez Pierre Lombard. Il enseigne que le mariage prend existence par le consentement de praesenti: il en déduit logiquement que le mariage existe même dans le cas d'un consensus de praesenti simulé [75]. Certainement il s'agit d'une forme très imparfaite de présomption de mariage: le mariage présumé prend la place d'un mariage valide au for externe, mais invalide au for interne. Tandisque le mariage présumé peut très bien être valide au for externe et au for interne: Alexandre III parlera d'une forme de mariage présumé dans ce sens. Nous pouvons résumer comme suit: Lombard ne dit *jamais explicitement* qu'on peut déduire l'existence d'un mariage en se basant sur un argument de probabilité (p. e. fiançailles suivies de l'union charnelle ou de la cohabitation); pourtant on trouve chez lui la *possibilité* fondamentale, peut-être même une *forme déterminée* de mariage présumé.

c. *Ecole de Bologne*.

Quelques années à peine après la conciliation magistrale des textes contradictoires sur l'origine du mariage, présentée par Gratien dans la '*Concordantia discordantium canonum*' à l'aide de la distinction entre matrimonium initiatum et matrimonium ratum (perfectum, consummatum), nous trouvons plusieurs commentaires de sa doctrine.

Comme nous étions dans l'impossibilité de nous procurer les différents manuscrits, nous nous sommes limités aux textes publiés, ce qui explique l'existence de beaucoup de lacunes

---

[74] RICCARDUS DE MEDIAVILLA: *Super quatuor libri*, t. 4, col. 1, p. 426.
[75] *Quatuor libri sententiarum*, lib. 4, dist. 27, c. 3, 977.

dans notre étude des différentes écoles. Disposant des auteurs principaux nous ne pensons pas que cette limitation nuira au but que nous nous sommes proposés : schématiser l'évolution de la conception ecclésiastique de la formation du lien.

1. Paucapalea (1140-1148)

Disciple et premier commentateur de Gratien [76], Paucapalea accepte l'explication de l'origine du lien matrimonial donnée par son maître. Bien qu'il admette ' efficiens causa matrimonii est consensus ' [77], il ne veut pourtant pas s'éloigner de la distinction, chère à son maître, entre matrimonium initiatum et matrimonium perfectum. Il considère le consentement comme la cause efficiente du mariage; il ne le considère pas comme cause du mariage parfait qui ne se réalise dans son indissolubilité absolue que si le consentement se voit confirmé par l'acte conjugal [78].

Le consentement est seulement cause du matrimonium initiatum. Accord complet entre le maître et son disciple quant à l'origine du lien; légère divergence entre les deux quant à la dissolution du lieu issu de la desponsatio :

> « Vel legitimum conjugium est illud, quod legitime est initiatum sed non ratum, quia carnali commixtione non est perfectum. Aliud ratum et non legitimum ... veluti cum video aliquam per viam transeuntem cognosco eam et ipsam mihi in uxorem socio, et ideo non est legitimum quia non sunt ibi solemnitates quae adesse deberent. Aliud legitimum est ratum ... veluti cum aliquam mihi cum solemnitatibus copulo et eam cognosco ».

Pour Gratien ce lien est dissoluble; pour Paucapelea il ne l'est que dans certains cas bien déterminés. S'était-il rendu compte d'une différence entre de simples fiançailles (desponsatio de futuro) et une desponsatio-cause-de-mariage (desponsatio de praesenti)?

---

[76] *Summa über das decretum Gratiani*, Ed. Schulte J. F. Aalen, 1965. Paucapalea a écrit son commentaire entre 1140-1148; A. van Hove : Prolegommena, 433-434.

[77] *Summa über das decretum*, 115, in C. 27, q. 2; comparez avec ceci notre interprétation de la doctrine Gratien. Nous aussi étions convaincus que pour Gratien le consensus était la cause du matrimonium initiatum, tandis que le consensus et la copule étaient la cause du matrimonium ratum, sacramentale, le seul valable pour lui.

[78] *Summa über das decretum*, 118, in C. 28, q. 1.

2. Roland Bandinelli, dans sa 'Summa'.

Dans sa 'Summa'[79], qu'il a achevée en 1148[80], Roland suit encore de très près son maître Gratien. Il adopte sa distinction entre matrimonium initiatum et matrimonium ratum (perfectum, consummatum). Néanmoins nous ne pouvons pas affirmer une identité complète entre leurs doctrines. Pour Gratien, en effet, l'indissolubilité du lien conjugal se réalise uniquement dans le mariage sacramentel (c'est à dire après l'acte conjugal), pour Roland par contre, la desponsatio réalise déjà une indissolubilité relative, qui deviendra une indissolubilité parfaite par la consommation du mariage. Ce lien réalisé par la simple desponsatio est déjà une stricte obligation réciproque à conserver la chasteté conjugale.

> « Et notandum, quod duplex est fides matrimonii una desponsationis alia carnalis coniunctionis. Fide pactionis se castos vicissim servare tenentur, unde etsi religionem et continentiam sponso invito valeat eligere, ad alterius tamen copulam sponso vivente transire non poterit ... »[81].

Comme cette obligation réciproque constitue déjà dans une certaine mesure un 'lien conjugal'[82], en principe indissoluble[83], il exclut toute possibilité de contracter mariage avec une troisième personne (si les deux conjoints sont en vie)[84] et avec un consanguin (toujours).

> « His duobus capitulis ostenditur inter sponsum et sponsam vinculum fore matrimonii, cum nec mortuo sponso licet alicui de consanguinitate sponsi accipere illam in uxorem »[85].

Mais comme ce 'lien conjugal' est une obligation à la chasteté conjugale et non une obligation au service conjugal[86], il ne considère pas l'acceptation libre de la vie religieuse comme une rupture de ce lien, tandis qu'une desponsatio suivie de relations sexuelles serait une violation trés grave de cette ob-

---

[79] *Summa Magistri Rolandi*, Ed. Thaner, E., Innsbruck, 1874.
[80] VAN HOVE A.: *Prolegommena*, 434.
[81] Comparez SEHLING E.: *Die Wirkungen*, 51.
[82] *Summa Magistri Rolandi*, 129.
[83] WEIGAND R.: *Die bedingte Eheschliessung*, Münchener theologische Studien, München 1963, 109.
[84] *Summa Magistri Rolandi*, 128.
[85] *O. c.*, 129.
[86] *O. c.*, 128.

ligation à la chasteté conjugale, et par conséquent, il l'exclut catégoriquement:

> « His et innumeris auctoritatibus ostenditur non licere sponsae vel sponso utroque vivente ad secunda vota transire, quod secundum quosdam de sola traducta benedicta atque velata intelligitur »[87],

bien qu'il soit convaincu qu'il s'oppose ainsi à son maître[88]. Ce que les auteurs[89] caractérisent comme déviation de la part de Roland vis-à-vis de la doctrine de Gratien, ne nous semble pas une prise de position casuelle envers un point concret, mais plutôt une théorie nettement différente de celle de Gratien concernant la dissolubilité du lien conjugal.

Il faut pourtant noter qu'il revient sur sa décision en C. 34, q. 2 où il reconnaît la validité de la deuxième desponsatio, concule en cas d'emprisonnement, si la première desponsatio conclue avant l'emprisonnement n'a pas été suivie de l'union charnelle; si au contraire la première desponsatio avant l'emprisonnement était confirmée par l'acte conjugal, toutes desponsalia subséquentes sont déclarées invalides.

> « Secundo quaeritur, an redeunte primo sit cogenda recedere a secundo et redire ad priorem, quod omnino credimus observandum, ubi consummatum matrimonium primum constiterit praecessisse. Si enim initiatum solummodo matrimonium inter eos praecessisset a secundo divertere non valeat »[90].

Chez Roland la distinction dans la desponsatio est plus accentuée que chez Paucapalea. Comparons sa definition de desponsatio 'promissio futurae carnalis coniunctionis'[91], dans laquelle résonne clairement la définition romaine (mensio et repromissio futurarum nuptiarum)[92], avec le lien réalisé par la desponsatio. Il nous semble probable qu'il ait déjà connu une différenciation dans la desponsatio. Nous pouvons con-

---

[87] *O. c.*, 132.
[88] *O. c.*, l. c.
[89] OESTERLE G.: *Dissolutio matrimonii rati non consumati*, Studia Gratiana, 9 (1966) 33; SEHLING E.: *Die Unterscheidung*, 98; HOERMANN W.: *Die Desponsatio*, 65; FAHRNER I.: *Geschichte des Unaflöslichkeitsprinzips*, 174-175.
[90] *Summa Magister Rolandi*, 200; Cf. la note chez SEHLING E.: *Die Unterscheidung*, 98.
[91] *O. c.*, 151.
[92] Cf. HOERMANN W.: *Die Desponsatio*, 75.

clure que Roland Bandinelli dans sa 'Summa' a suivi son maître sans le copier de manière servile.

Il accepte lui aussi la distinction entre matrimonium initiatum et matrimonium perfectum, mais il voit déjà dans le matrimonium initiatum *le lien conjugal,* qui obtiendra son indissolubilité absolue dans le mariage parfait sacramentel, c. a. d. après l'union charnelle des conjoints.

3. Quaestiones incerti auctoris

Cet auteur défend en q. 26 l'opinion, selon laquelle le consentement exprimé par les 'verba de praesenti' ne suffit pas pour la réalisation de l'indissolubilité du lien coniugal. Elle ne serait réalisée qu'après confirmation externe.

> « Ad hoc Rolandus, quod pactio conjugalis sola non facit matrimonium. Nam si ego dixero alicui: Ego acci*piam* in 'uxorem' nec sequatur sacramentum, nec aliquid aliud, non teneor illam accipere. Si affuerit pactio conjugalis cum consensu per verba praesentis temporis expresse et affuerit iuramenti religio vel subarrhatio annuli vel carnalis copula non poterunt de coetero separari, nisi causa religionis. Si autem aliquis eorum ad alterius nuptias convolaverit, rescindendum (Cod. resciendum) est secundum matrimonium et primum tenendum » [93].

Nous voulons faire remarquer, que l'usage du terme 'consensus de praesenti' n'empêche pas l'auteur de suivre la doctrine de Gratien. Ce qu'il veut énoncer n'est rien d'autre qu'une affirmation de l'insuffisance du consentement (sans faire de distinction entre un consentement de praesenti et de futuro) pour donner naissance au lien matrimonial indissoluble; outre ce consentement il faut qu'il y ait confirmation extérieure.

Nous concluons à l'exactitude de cette interprétation à partir de la q. 10 où il attribue à la desponsatio de futuro suivie de l'acte conjugal la force de réaliser un lien indissoluble.

> « Quidam acolitus cuidam mulieri, nullis praesentibus iuravit ut eam uxorem *duceret* et postea subdiaconus effectus eam cognovit sicut prius cognoverat; postea ardore libidinis succensus eius sororem polluit ...
> Qu. Utrum iste vel aliquis possit habere aliquam in *uxorem* (il conçoit la desponsatio de futuro suivie de l'acte conjugal comme mariage) cuius sororem polluit ... Resp. Quod aliquis

---

[93] *Incerti auctoris Quaestiones,* q. 26, 278.

uxorem habens cum qua caro est effectus, et postea eius sororem polluerit citra maritalem affectum, non ob hoc uxorem suam dimittit » [94].

Il nous semble téméraire d'affirmer que nous nous trouvons ici devant une double possibilité de contracter mariage (nous la retrouverons dans le droit ecclésiastique sous Alexandre III [95]) : le mariage serait contracté ou bien par l'échange du consentement de praesenti ou bien par la desponsatio de futuro suivie de l'acte conjugal. Même si la constatation que la 'pactio conjugalis est inefficace quant à la formation du lien, pourrait trouver une explication dans le fait qu'il parle de 'pactio conjugalis de futuro:

« Nam is ego dixero alicui: ego acci*piam* in uxorem, nec sequatur sacramentum nec aliquid aliud ... » [96]

la conclusion qu'il attribue au consentement de praesenti sans ultérieure confirmation externe, la valeur de contracter le mariage, nous semble privée de fondement. Car en tout cas nous ne trouvons pas de solution pour la difficulté suivante : l'auteur n'attribue pas à la desponsatio de praesenti un effet spécifique, qui serait autre que l'effet attribué à la desponsatio de praesenti suivie d'une confirmation ultérieure.

« Si affuerit pactio conjugalis cum consensu per verba praesentis temporis expresse et affueri iuramenti religio vel subarrhatio annuli vel carnalis copula non poterunt de coetero separari, nisi causa religionis. Si autem aliquis eorum ad alterum nuptias convolaverit, rescindendum (Cod. resciendum) est secundum matrimonium et primum tenendum » [97].

Le lien causé par une desponsatio de praesenti, suivie d'une confirmation ultérieure est chez notre auteur identique au lien causé par une desponsatio de futuro suivie de relations sexuelles. Résumons les données du problème : l'auteur n'attribue à la desponsatio de praesenti aucun effet spécifique ; l'unio charnelle, qu'elle suive un consentement de praesenti ou de futuro, réalise un lien identique. Nous pensons pouvoir conclure que l'auteur admet la théorie de Gratien tout en employant la terminologie lombardienne.

---

[94] *Incerti auctoris Quaestiones*, q. 10, 250.
[95] Cf. p. 46-47.
[96] Cf. note 93.
[97] Cf. note 93.

Etant donné que l'auteur considère la confirmation ultérieure comme un élément nécessaire à la formation du lien, il est évident que l'union charnelle ne peut servir de base conjecturale pour le changement du consentement de futuro en consentement de praesenti qui serait cause du lien conjugal (l'auteur connaît seulement de nom la distinction entre consentement de futuro et consentement de praesenti).

4. Tractatus de matrimonio Codicis Göttwicensis.

Comme chez les auteurs mentionnés plus haut, nous retrouvons ici également la doctrine de Gratien 'Ubi coactio non consensus, sine quo matrimonium *initiare* non potest'.

La dissolubilité du lien réalisé par le matrimonium initiatum se trouve énoncée dans 'Desponsatio quae est signum legitimae conjunctionis. VIII causis irritatur. Quarum prima est sequens desponsatio conjunctione perfecta [98].

De ces paroles ressort d'ailleurs aussi le rôle de l'acte conjugal. Il mène, comme chez Gratien, le lien matrimonial à sa perfection et, par conséquent, ne peut servir de base conjecturale pour la réalisation du lien conjugal.

5. Rufin

Les auteurs mentionnés plus haut et appartenent à l'Ecole de Bologne, font appel à la doctrine de Gratien pour résoudre les contradictions qu'on rencontre dans les textes d'Ambroise et d'Augustin au sujet de la formation du lien conjugal. Rufin s'acharne plutôt contre la théorie lombardienne:

> « Quidam simplicium potibus invidentes more sevorum animalium, cum pertransissent, acquas limpidas turbaverunt et hanc sacram distinctionem (matrimonium initiatum et matrimonium ratum) alto vento superbie exsufflantes *novam fabulam* ediderunt dicentes non inter quoaslibet sponsos esse conjugium » [99].

Rufin connaissait certainement la distinction entre desponsalia de praesenti et desponsalia de futuro, invoquée pour résoudre la contradiction des textes au sujet de la formation du lien conjugal: en la refusant comme 'novam fabulam' il

---

[98] *Decretistarum jurisprudentiae specimen*, XIX.
[99] *Die Summa decretorum des Magister Rufinus*, 440.

s'attache strictement à la théorie de Gratien. L'Ecole de Paris attribuera au consentement ' per verba de praesenti ' la valeur de contracter un mariage valide et au consentement de futuro la valeur de contracter des fiançailles. Rufin par contre ne fait pas de distinction entre desponsatio de praesenti et de futuro:

> « Nec refert utrum sit ibi consensus per verba de futuro vel praesenti expressus » [100].

Dans les deux cas le consentement fondamental est un consentement à l'acte conjugal dans le futur. Chaque desponsatio fait commencer le mariage, l'union charnelle le mène à sa perfection [101].

> « Causarum autem, per quas matrimonium contrahitur, alia est operans alia cooperans, tertia consummans » [102].

Il ne considère pas comme essentiel ce qu'il appelle ' causa cooperans ', notamment: ' cetere solemnitates, que in desponsatione vel traductione adhibentur [103].

Tout ceci reproduit la doctrine de Gratien: matrimonium desponsatione initiatur, copula perficitur; mais Gratien attribue une plus grande stabilité au lien matrimonial, quand la desponsatio a été suivie de velatio et benedictio.

> « Sed auctoritate hac Siricii illa prohibetur ad secunda vota transire, que in propria domo est ducta et cum sponso suo est velata et benedicta » [104].

Rufin considère la desponsatio comme la cause d'un lien, qui sans être un lien strictement matrimonial, est pourtant indissoluble en principe. Il n'admet pas que ' multa enim sunt quae desponsationem inter personas omnino legitimas et legitime celebratam utrolibet eorum vivente dissolvunt ' [105].

---

[100] *O. c.*, 449.
[101] Comparez WEIGAND R.: *Die Bedingte Eheschliessung*, 128-129.
[102] *Die Summa decretorum des Magister Rufinus*, 432.
[103] *O. c.*, l. c.
[104] D. Gr., post c. 50, C. 27, q. 2.
[105] *Die Summa decretorum des Magister Rufinus*, 443. Cf. FAHRNER I.: *Geschichte des Unauflöslichkeitsprinzip*, 177.

d) *Ecole de Paris*

La distinction défendue par Lombard, dans son '*Quatuor libri Sententiarum*', liber IV, D. 27, est-elle vraiment comme Rufin le dit, une '*novam fabulam*' de '*quidam simplicium potibus invidentes more sevorum animalium cum pertransissent, aquas limpidas turbaverunt et hanc sacram distinctionem alto vento superbie exsufflantes*'? [106].

Qu'il ne s'agisse nullement d'une novam fabulam nous semble prouvé, comme nous l'avons expliqué plus haut [107], par le fait que Lombard ne fait qu'élaborer la doctrine de Hughes de Saint Victor. Ce dernier d'ailleurs l'a trouvé fragmentairement chez Anselme de Laon, Guillaume de Champeaux, Abélard.

Cette doctrine n'est pas non plus une 'fabula', vu le succès que cette doctrine a connu immédiatement, même chez des auteurs qu'on pourrait classer dans l'Ecole de Bologne.

1. Roland Bandinelli dans la « Sententiae » [108]

Dans sa '*Summa*' Roland suit pas à pas son maître Gratien. Dans son oeuvre ultérieure '*Sententiae*' il élabore davantage sa propre théorie du mariage.

On admet généralement que Roland, dans la '*Summa*', défend la théorie de l'union sexuelle et que dans les '*Sententiae*' il enseigne la théorie du consentement. Nous sommes convaincus que la doctrine de Roland est fondamentalement la même dans ses deux oeuvres, bien qu'une évolution et un approfondissement ne peuvent être niés. Nous retrouvons encore la même doctrine dans les décrétales de Roland p. e. '*Licet praeter solitum*' [109].

Nous pensons trouver les preuves de l'identité fondamentale de la doctrine des deux oeuvres de Roland dans les définitions identiques du mariage [110], dans les exigences identiques requises pour qu'il y ait mariage [111], et surtout dans le

---

[106] *O. c.*, 440.
[107] Cf. p. 12-13.
[108] Ecrit entre 1150-1153 selon Gietl A. M., *Die Sentenzen Rolands*, Freiburg im Breisgau, 1891.
[109] Cf. DAUVILLIER J.: *Le mariage*, 15.
[110] Comparez *Die Sentenzen Rolands*, 270; La '*Summa*' 127.
[111] Comparez '*Die Sentenzen Rolands*', 271-272 a la '*Summa*', C. 27, q. 1, 114.

fait qu'on ne peut prendre à la légère la divergence entre Roland et Gratien mentionnée plus haut [112].

Le lien causé par la desponsatio, c. à. d. obligation réciproque à la chasteté conjugale, en principe indissoluble, ne diffère pas fondamentalement du lien issu du consensus de praesenti.

> « Illa que de presenti talibus verbis exprimitur: 'volo te in meam' et dicitur hec desponsatio de presenti, et hec talis ligacio impedit matrimonium contrahendum, dirimit et contractum » [113].

L'idée est la même, la desponsatio provoque un lien, qui est indissoluble en principe et exclut tout autre lien du même genre; l'auteur exprime cette idée la première fois par la terminologie gratienne et la deuxième fois il recourt à la distinction lombardienne entre desponsatio de praesenti et desponsatio de futuro.

Roland Bandinelli affirme dans sa 'Sententiae' [114] que la desponsatio de praesenti constitue un lien conjugal, qui est empêchement pour un mariage subséquent et qui rend nul un tel mariage au cas où l'on aurait tenté de la contracter. Dans la 'Summa' [115] Roland reconnaît après la desponsatio la liberté d'entrer en religion. Il nous semble peu fondé d'insister sur la différence entre ces deux liens. En effet, Roland ne considère pas l'entrée en religion comme une rupture de l'obligation à la chasteté conjugale; elle ne s'oppose donc pas à ce lien, qui empêche pourtant tout mariage subséquent [116].

L'idée commune aux deux oeuvres est la suivante: la desponsatio provoque un lien réciproque, en principe indissoluble excluant tout mariage subséquent, mais qui ne rend ni impossible ni invalide la libre acceptation de la vie religieuse.

En résumé: desponsatione matrimonium initiatur; quand il s'agit de desponsatio de futuro le lien est dissoluble; la desponsatio de praesenti provoque un lien qui est indissoluble au moins en principe et qui exclut tout mariage subséquent, mais qui ne s'oppose pas à l'acceptation libre de la vie religieuse. Si cette dernière desponsatio est suivie de l'union charnelle le lien obtient une indissolubilité parfaite. (copula matrimonium perficitur).

---

[112] Cf. p. 25-27.
[113] *Die Sentenzen Rolands*, 274.
[114] *O. c., l. c.*
[115] *Summa Magister Rolandi*, 128.
[116] *O. c.*, 132.

2. Etienne de Tournai

Après la thèorie de Gratien, Etienne nous présente la doctrine lombardienne:

> « Nam ex quo incipiunt esse conjuges, perfecte et veri sunt conjuges ... Hi ut contrarietatem decretorum determinent dicunt, quia desponsatio de futuro est quando inter virum et mulierem pollicitatio intercedit ... Et secundum hoc dicitur in legibus: Desponsatio est mentio et repromissio futurarum nuptiarum. Tales sponsi inter se non sunt conjuges. Quod plane ostenditur in illa cap. Augustini: Duobus modis dicitur fides ... Desponsatio autem de praesenti dicitur, quando vir verbis vel aliis signis consensum maritalem mulieri exprimit et e converso mulier viro ... » [117].

Par après, il ajoute que le lecteur est libre de suivre la théorie qu'il préfère, tandis que lui se limitera à la confrontation des deux théories avec les différentes difficultés à résoudre.

> « Lectori autem reliquimus, utrum magis approbare voluerit sententiam. Cum autem occurant capitula alterutri sententiae contraria, quomodo vel objiciatur vel objiciendi respondeatur, ostendimus » [118].

Dans cette confrontation nous croyons qu'Etienne de Tournai, en dépit de son éducation à l'Ecole de Bologne, adhère plutôt à la théorie de l'Ecole de Paris. Ainsi nous pouvons lire au c. 2, C. 27, q. 2:

> « Substantiam quidem sacramenti non solemnitates faciant sed consensus de praesenti per verba expressus secundum leges ecclesiasticas, nam matrimonium hodie regitur jure poli non jure fori » [119].

Ce texte n'est pas seulement incompréhensible selon la doctrine de Gratien, mais il rappelle la définition de Lombard: *Efficiens autem causa matrimonii est consensus non quilibet sed per verba expressus nec de futuro sed de praesenti* [120].

Il suit encore plus clairement cette théorie lombardienne quand il dit en relation au c. 5, C. 27, q. 2:

---

[117] *O. c.*, 236.
[118] *O. c.*, l. c.
[119] *O. c.*, l. c.
[120] *Quatuor libri sententiarum,* lib. 4, dist. 27, c. 3, 917.

> « Conjugium consensus initiatur ad rem non in rem. Hinc assumunt illud membrum divisionis: conjugium initiatum, sed recte intuenti sequentia patet, quia ex tunc est et non cum sequitur copula carnalis » [121].

L'union charnelle n'a donc pas de rôle direct dans la réalisation du lien conjugal. Elle se limite plutôt à un rôle complémentaire du mariage-sacrement.

> « Nam re vera, si diligenter attendamus, ante commixtionem carnis est inter conjuges Christi Ecclesiae sacramentum. Nam et Christus Ecclesiam sibi copulavit fide et voluntate, quae conjunctio significatur in desponsatione conjugii per consensum de praesenti verbis expressum. Copulavit et sibi Ecclesiam conformitate naturae, quando in utero virginis verbum caro factum est, et haec conjunctio significatur in commixtione conjugium » [122].

Même si nous retrouvons chez l'auteur une prise de position en faveur de la doctrine lombardienne, nous ne pouvons pas affirmer, qu'il considère l'acte conjugal comme une base conjecturale de l'échange de consentement qui serait cause de mariage.

3. La « Summa Parisiensis »

Comme nous l'avons affirmé pour Etienne de Tournai, l'auteur de cette Somme ne se prononce pas non plus pour une des théories magistralement élaborées en vue de concilier les textes contradictoires au sujet de la formation de lien conjugal.

> « Invenitur quaedam consuetudine aliter hodie, in Francia, aliter in Ecclesia Romana observatur, si enim aliquis aliquam verbis de praesenti desponsaverit et benedictionem cum ea sacerdotalem susceperit (non acceperit), sed antequam eam cognoscat ab alio desponsata carnaliter cognita fuerit, Ecclesia Franciae cogit eam redire ad primum sed non Ecclesia Romana. *Et adhuc quid melius sit ignoratur* » [123].

L'absence des causes 27-29 [124] rend plus ou moins impossible de nous rendre compte de la conception exacte de

---

[121] *Die Summa des Stephanus Tornacensis*, 236.
[122] Cité par HOERMANN W.: *Die Desponsatio*, 77.
[123] SCHULTE J. F.: *Zur Geschichte über das Dekret Gratians*, Zweiter Beitrage, Wien, 1870, 23.
[124] WEIGAND R.: *Die bedingte Eheschliessung*, 149.

l'auteur quant à la formation du lien. Tout au plus, nous basant sur:

> « Statim enim ex quo aliquis alicui promisit per verba praesentis temporis se ducturum eam in conjugem, matrimonium est perfectum ratum » [125].

nous pouvons dire qu'à la suite de Rufin [126], il voit dans la desponsatio de praesenti une promesse à l'acte conjugal dans le futur, et par conséquent il n'y aurait pas de différence fondamentale entre la desponsatio de praesenti et la desponsatio de futuro. Les deux sont des promesses à l'acte conjugal dans le futur. En opposition pourtant à Rufin, l'auteur de la 'Summa Parisiensis' prétend que la desponsatio de praesenti réalise le lien du mariage.

L'auteur de cette Somme parle de la théorie gratienne et de la théorie lombardienne; il ne parle pas tellement des théories de Gratien et de Lombard, mais plutôt des théories de leurs Ecoles. Pour Lombard, rappelons-le, le mariage est parfait, sacramentel, après l'échange du consentement, sans que la bénédiction sacerdotale ou la vélatio interviennent. Gratien attribue à la vélatio une valeur beaucoup plus forte [127] que celle que notre auteur attribue à l'Eglise transalpine.

4. Jean Faventin

Tandis qu'Etienne de Tournai laisse aux lecteurs le choix entre les deux théories, Jean Faventin nous *donne* après un exposé des deux théories magistrales, *sa propre position* qu'il qualifie de position intermédiaire:

> « Nos autem quasi mediam viam tenentes servata priori distinctione dicimus in desponsatione matrimonium esse initiatum, sed si desponsatio sit de futuro, non statim est matrimonium ratum, si vero est de praesenti ut ex praedicta auctoritate Augustini monstratur, statim ante carnis commixtionem ratum efficitur adeo ut non dissolvi potest nisi in duobus casibus scilicet causa religionis et malificii » [128].

Si nous prêtons bien attention, nous constatons que sa position est une théorie de consentement mitigée, tandis que la

---

[125] Mc. Laughin T. P.: *The Summa parisiensis*, 37, C. 30, q. 5.
[126] Cf. p. 29-30, note 101.
[127] D. Gr. post c. 50, C. 27, q. 2.
[128] Cf. Hoermann W.: *Die Desponsatio*, 85.

référence à la théorie de l'union sexuelle' n'est qu'un jeu de mots. L'union charnelle n'intervient pour rien ni dans la formation du lien matrimonial, ni dans la réalisation de son indissolubilité. Ce n'est qu'en deux cas bien déterminés que le lien peut être rompu : le cas d'acceptation de la vie religieuse et le cas de l'impuisance. Quand il admet que le lien qui a pris son origine dans la desponsatio peut être dissout par une desponsatio suivie de l'union charnelle,

> « Cum ergo in desponsatione qualibet inter personas quantumvis legitimas celebrata consummatur vel ratum fiat matrimonium, patet tum ex canonica ratione tum ex longa ecclesiae consuetudine puellam alteri desponsatam non posse alio nubere, sed tamen cum postea ab alio publice desponsata maritali affectu cognoscitur, ratum erit matrimonium secundum » [129].

il n'agit pas contre sa position en faveur de la théorie du consentement. L'expression 'affectu maritali' nous fait comprendre que ce texte parle d'une desponsatio de futuro; d'autre part il affirme explicitement :

> « In hunc ergo articulum nostra sententia concludatur, ut dicamus, semper cum legitime et inter legitimas personas desponsatio intercedit esse matrimonium initiatum : etsi per verba de futuro initiatum fuerit ad secunda vota transire non debet. Relicto priori sponso si tamen hoc fecerit non separabitur a viro secundo : *secus si de praesenti consensit* » [130].

Pour la première fois nous rencontrons ici la juxtaposition des deux possibilités de la formation du lien conjugal. D'une part il affirme explicitement que le mariage est réalisé par l'échange du consentement de praesenti sans que la consommation soit nécessaire :

> « Si vero de praesenti ... statim ante carnis commixtionem ratum efficitur adeo ut non dissolvi potest ... » [131].

D'autre part il nous explique que la desponsatio (qui comme nous l'avons prouvé plus haut est de futuro) suivie de l'acte conjugal donne aussi naissance au lien matrimonial :

---

[129] *O. c.*, 84, note 1.
[130] *O. c.*, 86.
[131] Cf. note 128.

> « Sed tamen cum postea ab alio publice desponsata, maritali affectu cognoscitur ratum erit matrimonium » [132].

Nous voulons déjà relever la différence entre la deuxième possibilité de formation du lien conjugal telle qu'elle est comprise par Jean Faventin et telle qu'elle sera comprise par Alexandre III [133]. Jean Faventin n'attribue aucune valeur de contrat de mariage à la desponsatio de futuro suivie de l'union charnelle, si celle-ci n'est pas effectuée 'affectu maritali'; en d'autres mots: le lien ne prend pas son origine dans la desponsatio de futuro, simple promesse de mariage sans aucune valeur contractuelle, mais dans la desponsatio de praesenti exprimée dans l'union charnelle faite 'affectu maritali'.

Alexandre III prête une valeur de formation du lien conjugal; le lien ne trouve pas son origine dans la desponsatio de praesenti qui serait exprimée dans l'union charnelle; mais dans la desponsatio de futuro; celle-ci garde en tant que promesse de mariage une valeur de consentement matrimonial pour le futur et elle s'actualise dans l'union charnelle [134].

5. Summa de Huguccio (après 1188)

En dépit de sa formation à Bologne [135], ce canoniste, qui est probablement le plus grand du douzième siècle, défend fermement la doctrine lombardienne. L'échange du consentement de praesenti réalise le lien conjugal, parfaite et indissoluble sauf le cas d'entrée en religion et évidemment de la mort:

> « Dico ergo quod conjugium statim cum est, plenum et integrum et consummatum quoad essentiam sui, sed non quoad significationem » [136].

De manière polémique il défend la stabilité du lien conjugal contre tous ceux qui, à côté de la vie religieuse et de la mort, accepteraient une autre raison pour dissoudre le lien:

> « Si est de praesenti, sive sit desponsata a secundo de praesenti, sive de futuro, et sive sic a secundo traducta sive non, et sive cognita sit ab eo sive non et sive lungo, sive modico

---

[132] Cf. note 128.
[133] Cf. p. 46-47.
[134] Cf. p. 47.
[135] PHILIPPE E.: *Etude historique,* Le Canoniste contemporain, 1892, 589, note 1.
[136] ROMAN J.: *Summa de Huguccio,* 754.

> tempore steterit cum eo, semper detrahendo est ei, id est secundo et reddenda primo, nisi forte primus transiverit ad religionem » [137].

Cette position en faveur du consentement de praesenti considéré comme unique cause du lien conjugal, est extrême et met Huguccio dans l'obligation de chercher une explication pour la doctrine des décrétales, selon laquelle le lien conjugal peut aussi être réalisé par la desponsatio de futuro suivie de l'union charnelle.

Etant donné qu'il conçoit la desponsatio de futuro comme une promesse de mariage, sans aucune valeur contractuelle:

> « Si vero desponsatio de futuro interveniat inter aliquos non hoc est inter eos conjugium et etsi proprie dicuntur sponsi i. e. promissi et hoc proprie dicitur desponsatio sive sponsalia, quae sunt mentio et repromissio futurarum nuptiarum » [138].

et qu'il n'attribue à l'union charnelle que le rôle de compléter le mariage 'quoad significationem' [139], il trouve la solution dans l'hypothèse que l'*acte conjugal précédé de la desponsatio de futuro* est une base suffisante pour supposer que dans cet acte, les conjoints ont voulu réaliser la promesse réciproque et qu'ils ont transformé leur consentement de futuro en consentement de praesenti, qui fera naître le lien:

> « Sed nonne saepe consensus maritalis in ipsa commixtione intervenit inter aliquos, qui primo non consenserant in conjugium? Utique, in usu coïtu maritali affectu possunt consentire, sed nec tunc matrimonium facit coïtus sed consensus interveniens » [140].

Pourtant, Huguccio ne voit pas la desponsatio de futuro suivie de l'union charnelle comme l'unique base conjecturale de l'échange du consentement; il parvient à la même conclusion, en se basant sur la subarratio:

---

[137] ROMAN, J.: *O. c.*, 800.
[138] ROMAN J.: *O. c.*, 746.
[139] Cf. note 136.
[140] Aussi c. 50, C. 27, q. 2. 'Si vero amplius est processum scilicet ad consensum de praesenti vel ad carnalem commixtionem, remanebit cum secundo, quia cum primo non est matrimonium sed cum secundo. Nam in ipso coïtu qui fit cum sponsa de futuro, praesumitur consensus de praesenti intervenire. in Extra, De illis'.

> « Quod fit per immissionem annuli vel per dationem aliorum arrarum vel aliorum insignium; quae *subarratio* quandoque fit interveniente consensu quandoque non interveniente sed sive consensus interveniat sive non, sufficit, si constet de subarratione; non dico quod sit ibi matrimonium sine consensu, sed praesumitur quod consensus intervenerit et matrimonium, *nisi probetur in contrarium* »[141].

De ce texte il résulte immédiatement que Huguccio tout en formulant pour la première fois explicitement cette théorie de la présomption, ne connaît pas la présomption juris et de jure: 'nisi probetur in contrarium'. D'ailleurs il ne s'agit pas d'une présomption juris, puisque il s'agit seulement d'une opinion personnelle de Huguccio, qui sera adoptée plus tard (Grégoire IX) dans le droit ecclésiastique.

A côté de cette forme de mariage présumé, Huguccio connaît encore le cas où les fiançailles ont eu lieu sous condition et sont suivies de l'union charnelle:

> « Si vero conditio honesta apponatur, puta: si tantum michi in dotem dederis, si pater meus vel tuus voluerit, si Imperator Italiam intraverit et huiusmodi refert an apponatur in desponsatione de praesenti an de futuro; ... si vero de futuro valet et tenet conditio et, nisi adimpleatur non compellitur quis stare promissioni, nisi ante tempus conditionis consensus de presenti intervenerit vel *commixtio carnalis intercesserit*. Tunc enim in ipso coïtu presumitur consensus de presenti intervenisse et ideo cogetur eam habere, quamvis conditio postea non adimpleatur, ut in extravaganti de Illis autem »[142].

Dans ce cas Huguccio prend également la *desponsatio de futuro suivie de l'union sexuelle* comme base conjecturale de la transformation du consentement de futuro en consentement de praesenti, et indirectement seulement il considère la condition comme non-apposée, notamment selon la règle générale:

> « Refert an apponatur in desponsatione de presenti an de futuro; si de presenti, tenet matrimonium sive adimpleatur conditio sive non »[143].

La différence avec la décrétale c. 6, X. 4, 5 qui nous donne la doctrine d'Innocent III, ne nous échappe pas. Innocent III,

---
[141] ROMAN J.: *O. c.*, 763.
[142] Cité par WEIGAND R.: *Die bedingte Eheschliessung*, 205.
[143] *O. c.*, l. c.

en effet, se base sur l'acte conjugal pour présumer que les conjoints ont renoncé à la condition apposée: 'quia videtur conditione apposita recessisse,' 'tandis que Huguccio' présume le changement du consentement de futuro en consentement de praesenti, et la révocation de la condition est alors l'effet d'une règle générale.

6. Bernard de Pavie.

Nous constatons une différence notable entre les deux oeuvres de Bernard de Pavie se rapportant à notre sujet: la 'Summa de matrimonio' et la 'Summa decretalium'. Dans la 'Summa de matrimonio' il suit plutôt strictement la théorie lombardienne et par conséquent il rejette toute dissolution du lien conjugal réalisé par l'échange du consentement de praesenti. Même l'acceptation libre de la vie religieuse après l'échange du consentement de praesenti ne peut être admise que si le conjoint ne s'y oppose pas: l'entrée en religion dans ces conditions n'est pas une dissolution du lien conjugal, puisque le conjoint accepte de rester privé de toute vie conjugale jusqu'à la mort de l'autre conjoint.

> « Sciendum etiam quod post contractum matrimonium non licite votum castitatis alicui eorum facere, si non consensu alterius, et si fuerit, etiamsi monasterium ingressus fuerit, revocabitur »[144].

Cet énoncé correspond à ce qu'il dit par exemple au sujet de la déformation sexuelle:

> « Sed si probaretur,, maleficia subsecuta fuisse desponsationem, quia tempore desponsationis legitimus erat utriusque consensus, non esset separandum matrimonium »[145].

---

[144] *Bernardi Summa de matrimonio,* Ed. Laspeyres, Ratisbonae, 1860, 288. Comparez *O. c.,* 299: « Quaeritur de sponsa praesenti an liceat ei ingredi monasterium sponso inconsulto, super quo utique decretistae certant et adhuc sub iudice lis est. Dicunt enim plerique, eam sine sponsi licentia ingredi non posse, interpretantes capitula, quae videntur contraria, de sponsa de futuro, ut C. 27, q. 2, Desponsatam (c. 27): quod duplici ratione asserunt tum quia cum sponsus et sponsa sit vir et uxor, non potest sponsa dimittere sponsum, excepta causa fornicationis, nisi forte ex consensu amborum ut C. 27, q. 2, Si quis conjugatus (c. 22) tum etiam quia ab ipsa desponsatione tenetur, ut dicunt, sponso debitum reddere, et ita sine eius consensu continere non valeat. Haec sententia rationabilis videtur magisque nititur auctoritati doctorum '.

[145] *O. c.,* 302.

Nous pouvons déjà relever dans la 'Summa de matrimonio', qui selon J. F. von Schulte était achevée en 1177, c. à. d. avant la rédaction de la Summa de Huguccio, la mention du mariage présumé. En effet, il présume l'échange du consentement et la réalisation du lien conjugal en se basant sur l'impositio annuli', comme cela apparaît de la juxtaposition des textes suivants:

> 1. « Est enim talis iste consensus, ut iste consentiat in illam ut in uxorem et illa in istum ut in virum, et talibus verbis exprime consueverit 'volo te in meam, volo te in meum' vel accipio te in meam, accipio te in meum. *Talis consensus facit matrimonium et dicitur* HOC DESPONSATIO, annuli enim impositio subarrhatio dicitur et fit ad indicium desponsationis iam factae » [146].
> 2. « Non arbitror praetereundum esse, quod praediximus annuli immissionem subarrhationem appellari et fieri ad indicium desponsationis jam factae; insuper etiam, ex quo annulus immittitur, statim desponsatio praesumitur, nisi in contrarium probetur » [147].

Il est évident qu'il emploie l'expression 'Desponsatio' pour indiquer le mariage par consensus de praesenti.

De plus il insiste sur la présomption du mariage de telle manière qu'il prépare la présomption juris et de jure:

> « Si vero ad deceptionem, puta volebas coire cum aliqua et ideo ei annulum immisisti, licet hoc non intentione matrimonii feceris, si tamen illa consentit, tu ab ea recedere non potes » [148].

Dans ce cas il n'accepte pas la preuve du contraire, qui en général peut être acceptée: 'nisi in contrarium probetur' puisque 'Fraus enim sive dolus nulli debet praestare patrocinium' [149].

Dans la '*Summa decretalium*' il a changé sa position: ce qu'il admet explicitement lui-même quand il parle des Maleficia:

> « Sed et si post desponsationem ante consummatum matrimonium maleficia sunt facta, ita ut sponsam nulla possit cognoscere ratione, etiam in hoc casu puto divortium celebran-

---

[146] *O. c.*, 287.
[147] *O. c.*, 300.
[148] *O. c.*, l. c.
[149] *O. c.*, l. c.

> dum quia, ut diximus supra in tit. de sponsalibus, pro supervenienti coeundi impossibilitate sponsus a sponsa separatur ... licet *aliud dixerim in summula,* quam de matrimonio feci » [150].

En acceptant cette possibilité de dissolution du lien conjugal, il est évident qu'il ne suit plus la théorie de Lombard.

D'ailleurs à côté du 'Maleficium' il accepte encore comme raisons de la dissolution du lien conjugal l''affinitas superveniens' et l'entrée en religion:

> « Duae sunt species conjugatorum, scilicet sponsi et cogniti vel carnaliter conjuncti Sponsus autem sine sponsae licentia potest ad religionem transire, similiter et sponsa sine consensu sponsi, etiam si fuerit desponsatio de praesenti » [151] ...

A l'encontre de W. von Hörmann qui trouve dans la différence des positions de Bernard de Pavie, un rapprochement de Bernard vers la théorie de Huguccio, nous voyons cette différence plutôt comme une transition de la théorie du consentement stricte à la théorie du consentement mitigée défendue par Alexandre III. En effet Bernard de Pavie accepte, lui aussi, non seulement la desponsatio de praesenti comme cause du lien conjugal, mais il attribue aussi à la desponsatio de futuro suivie de l'union charnelle, une force de contrat de mariage:

> « Illud in summa notandum quod, si quis iuraverit mulier se eam accepturum et postea eam cognoverit, ratum est matrimonium inter eos, ut infra eod. De illis » [152].

3. *La doctrine papale concernant la formation du lien matrimonial dans les décrétales.*

   a. *Doctrine de Roland Bandinelli-Alexandre III (1159-1181)* [153] *concernant la formation du lien matrimonial.*

Elu pape sous le nom d'Alexandre III, Roland Bandinelli garde sa doctrine et l'énonce ensuite en différentes décrétales.

D'abord il formule sa doctrine à l'aide de la terminologie gratienne. Par exemple dans la décrétale au primicier et aux chanoines de Lucques:

> « Mandat, quatenus, si constiterit, quod L. Guillam per desponsationem prius recepisset, utpote solet fieri, in annuli su-

---

[150] Bernardus Papiensis: *Summa decretalium,* Ed. Laspeyres, 177.
[151] *O. c.,* 112.
[152] *O. c.,* 137.
[153] *Die Sentenzen Rolands,* LXIV-LXX.

barratione, B. latorem praesentium, qui eam se cognovisse confessus est, ob eius petitione absolvant eique de perjurio moderatam et convenientem penitentiam imponant [154].

Alexandre enseigne que la première desponsatio 'per annuli subarratione' ne peut être dissoute par une desponsatio subséquente suivie de relations sexuelles. Nous retrouvons ici la doctrine qu'il a acceptée dans sa 'Summa' [155].

Dans la décrétale à Eberard, évêque de Pavie, nous retrouvons sa doctrine, formulée dans la même terminologie:

« Licet quarundam Ecclesiarum consuetudo, ut cum viro secundo debeat remanere convenientius tamen videtur, ut si vir et mulier ad aetatem conjugio aptam devenerunt, et ita mulier desponsata fuerint quod vir mulierem in suam et mulier virum in suum recipiat, licet postea ab alio desponsetur et cognoscatur debeat primo restitui » [156].

Quoiqu'il connaisse les opinions et moeurs contraires (Ecole de Bologne), il reprend la position qu'il a défendue comme commentateur du 'Decretum Gratiani' contre son maître' [157]. Pourtant nous ne pouvons pas dire qu'il ait forcé son opinion, car si nous considérons les destinataires des décrétales, nous sommes frappés du tact qui l'a animé pour exprimer sa doctrine dans la terminologie acceptée par l'Eglise à laquelle il s'adressait. La première des decrétales mentionnées était adressée à une personne, dont on ne connaît plus le nom, mais qui résidait certainement en Italie, et la deuxième était adressée à l'Evêque de Pavie (Comp. Ia, c. 4 (6) 4, 4), c'est à dire à des destinataires à qui la doctrine gratienne était très familière. Cette sensibilité est très frappante dans la décrétale 'Licet praeter solitum' [158], par laquelle il propose une solution, formulée en terminologie lombardienne, à l'évêque de Salerne, qui n'était certainement pas familier avec cette théorie.

Quand le Pape, par contre, s'adresse à l'archevêque de Sens, nous voyons *qu'il essaie de formuler* sa doctrine dans la terminologie lombardienne:

---

[154] KEHR, *Italia Pontificia,* Berolini, 1908, t. III, p. 404, n. 40; p. 453, n. 32;
[155] Cf. note 87.
[156] Comp. 2a, c. 4 (6), IV, 4, ed. *Quinque compilationes,* FRIEDBERG E.
[157] Cf. note 155.
[158] C. 3, X, 4, 4 dont nous lisons la suite en c. 2, X, 3, 32.

> « Si qui vir et mulier pari consensu contraxerunt matrimonium et vir ea incognita, alium duxerit in uxorem et eam coguoverit, cogendus est secundam dimittere et ad primam redire. Quia, quamvis exinde sit diversa quorundam sententia et non eadem consuetudo Ecclesiae, tutius tamen videtur, ut primam habere debeat quam secundam, cum a prima sine judicio Ecclesiae separari non debeat postquam cum ea pari voto et consensu matrimonium contraxit » [159].

Nous pensons pouvoir conclure à la véracité de cette hypothèse à partir du fait qu'il emploie les termes 'pari consensu' que nous retrouvons dans une décrétale, qui ne laisse subsister aucun doute à propos de sa terminologie lombardienne, notamment Comp. Ia, c. 6 (8), 4, 4 [160].

Dans la décrétale adressée à l'évêque de Mayence, nous retrouvons la doctrine d'Alexandre formulée *très clairement* en terminologie lombardienne:

> « Si inter primum virum et eandem mulierem intercessit *de praesenti consensus*, ita quod unus alterum recipit dicendo; ego te recipio in meam, ego te recipio in meum, etiamsi ab alio antequam cognoscatur a primo, sit traducta et cognita, primo viro debet restitui, cum post talem consensum alii nubere non potuit ... Quamvis diversa sit exinde sententia quorundam et non eadem consuetudo Ecclesiarum, tutius tamen videtur ut primam debeat accipere quam secundam, cum a prima judicio Ecclesiae separari non debuit, et cum ipsa pari voto et consensu contraxerunt » [161].

Jusqu'ici nous n'avons trouvé que partiellement la doctrine d'Alexandre c'est à dire que le lien réalisé par la desponsatio (en terminologie gratienne) ou par la desponsatio de praesenti (en terminologie lombardienne) rend impossible le contrat d'un mariage subséquent et rend celui-ci invalide si malgré tout on avait tenté de le contracter. Nous n'avons encore rien trouvé au sujet de l'autre partie de sa doctrine, notamment que ce lien n'empêche pas l'acceptation libre de la vie religieuse. Par contre, dans la décrétale 'Licet praeter solitum' [162] qui se poursuit en c. 2, X. 3, 32, nous retrouvons sa théorie complète énoncée en termes lombardiens.

---

[159] Friedberg E.: *Quinque compilationes,* Comp. Ia, c. 5, (7), 4, 4.
[160] Friedberg E.: *O. c.,* 47.
[161] Coll. Brug., XLIX, 13, cité par Dauvillier J.: *Le mariage.*
[162] c. 3, X. 4, 4.

« Super hoc autem consultationi tuae taliter respondemus, quod, si inter virum et mulierem legitimus consensus sub ea solemnitate, quae fieri solet, praesente scilicet sacerdote aut etiam notario, sicut etiam in quibusdam locis adhuc observatur, coram idoneis testibus interveniat de praesenti, ita quidem, quod unus alterum in suo mutuo consensu verbis consuetis expresse recipiat, utroque dicente: 'ego te accipio in meam' et 'ego te accipio in meum' sive sit iuramentum interpositum sive non, non licet mulieri alii nubere. Etsi nupserit, etiam si carnalis copula sit secuta, ab eo separari debet et, ut ad primum redeat, ecclesiastica districtione compelli, quamvis alii aliter sentiant, et aliter etiam a quibusdam praedecessoribus nostris sit aliquando iudicatum. 'Verum post (illum) consensum legitimum de praesenti licitum est alteri, altero etiam repugnante eligere monasterium, sicut etiam sancti quidam de nuptiis vocati fuerunt dummodo carnalis commixtio continentiam servare noluerit, licitum est ad secunda vota transire, quia, quum non fuisset una caro simul effecti, satis potest unus ad Deum transire, et alter in saeculo remanere » [163].

Nous retrouvons les mêmes idées en résumé en c. 4, X. 4, 4 ...

« Super quo utique consultationi tuae taliter respondemus, quod, si vir et mulier sese recipiunt expresso consensu de praesenti mutuo, neuter eorum altero superstite poterit ad alia vota transire, etsi posset ad monasterium transmigrare » [164].

Par cette décrétale il apparaît très clairement que la position défendue par Gietl dans son 6e chapitre introductoire au « Die Sentenzen Rolands nachmals Papstes Alexander III [165] est erronée. Gietl prétend notamment qu'Alexandre s'appuie sur la théorie lombardienne pour expliquer, dans la première partie de la decrétale « Licet praeter solitum », qu'un mariage subséquent à une desponsatio de praesenti est impossible ou au moins invalide, et qu'il s'appuie sur la théorie gratienne pour expliquer que le lien créé par la desponsatio (de praesenti) n'empêche pas et de plus, ne rend pas invalide l'acceptation libre de la vie religieuse. En effet, la différence de terminologie, que Gielt pouvait invoquer en faveur de sa théorie, n'est plus conservée: en une seule phrase nous trouvons toute la théorie d'Alexandre, formulée en termes lombardiens.

---

[163] c. 2, X. 3, 32.
[164] c. 4, X. 4, 4.
[165] *Die Sentenzen Rolands.*

Nous pouvons trouver la même formulation en termes explicitement lombardiens en Comp. Ia, c. 6 (8), 4, 4 :

> « Si primus vir et mulier *ipsa pari consensu de praesenti* sese receperint, dicente uno alteri : ego te recipio in meum et ego te recipio in meam, etiam si non intercessit illa solemnitates, nec vir mulierem carnaliter cognoverit, mulier ipso primo debet restitui, cum nec poterit nec debuerit post talem consensum alii nubere. Si vero consensus talis inter eos non intercesserit sub verbis illis que diximus, *nec carnalis copula etiam assensu de futuro preeunte,* secundo viro, qui eam postea traduxerit atque cognoverit, debet mulier ipsa relinqui et ab impetitione prioris absolvi, injuncta primo viro penitentia de lesione fidei vel violatione juramenti, si dedit exinde fidem, vel prestitit sacramentum » [166].

Cette décrétale est pourtant également intéressante d'un autre point de vue. Nous y retrouvons en effet les deux possibilités de formation du lien matrimonial acceptées par Alexandre III : ce lien peut être réalisé ou bien par le consensus de praesenti, ou bien (et ceci est formulé de manière négative) par l'assensus de futuro suivi de l'union charnelle. Dans la décrétale c. 15, X. 4, 1, nous rencontrons de nouveau cette double possibilité de contrat de mariage.

> « Veniens ad nos G. lator praesertim sua nobis relatione monstravit, quod in domo sua mulierem, quandam recepit, de qua prolem habuit, et cui fidem coram pluribus praestitit quod *eam* duceret in uxorem. Interim autem, quum apud domum vicini sui pernoctaverit, eius filia nocte illa secum concubuit, quos pater puellae simul in uno lecto inveniens, ipsum eam *per verba de praesenti desponsare coegit.* Qui nuper in praesentia nostra constitutus nos consuluit, cui potius adhaerere deberet. Quia vero nequaquam innotuit nobis utrum *post fidem praestitam* primam cognoverit. Ideoque mandamus, quatenus rei veritatem diligenter inquiras et si inveneris, quod primam post fidem praestitam cognoverit, ipsum cum ea facias remanere; alioquin secundae ... »

c. 3, X. 4. 5 est aussi très explicite où il dit que le lien de mariage peut prendre son origine dans l'échange du consentement de praesenti ou dans les sponsalia de futuro suivies de relations sexuelles entre les futurs époux.

Nous voulons ici faire remarquer la différence entre la

---

[166] FRIEDBERG E.: *Quinque compilationes,* 47.

théorie de Gratien et celle d'Alexandre III. Quand ce dernier se prononce pour la formation du lien conjugal par l'union charnelle précédée de l'assensu de futuro, il ne s'agit pas d'une simple reproduction de la conception de son maître, c'est à dire de « Matrimonium desponsatione initiatur, copula perficitur ». Gratien, notamment, n'admet qu'une desponsatio intégrale (consentement matrimonial) qui réalise le mariage avec et dans l'acte conjugal. Alexandre III, par contre, admet la distinction entre desponsatio de praesenti et desponsatio de futuro. A cette desponsatio de futuro, qui est une promesse de mariage et conserve une valeur de consentement matrimonial pour le futur, il attribue une valeur de réalisation du lien matrimonial, si elle est suivie de l'union charnelle. En d'autres mots dans la doctrine de Gratien le lien conjugal est réalisé par la desponsatio *dans l'acte conjugal*. Dans la doctrine d'Alexandre III l'acte conjugal ne perfectionne pas le lien commencé (initiatum), mais *actualise au présent* le consentement de futuro, qui réalise le lien conjugal.

Pour mieux déterminer la théorie d'Alexandre III, nous l'opposons à la théorie du mariage présumé défendue pour la première fois, du moins explicitement, par Huguccio. Selon celui-ci on se base sur l'union charnelle précédée des fiançailles pour conjecturer que le consentement de praesenti a été échangé, et c'est ce consentement qui réalise le mariage. Pour Alexandre III, par contre, le mariage ne surgit pas d'un consentement de praesenti présumé, totalement distinct du consentement de futuro; d'après lui le mariage surgit d'un consentement de praesenti présumé, considéré comme la *continuation au présent* de l'assensus de futuro [167].

C'est le même consentement de futuro, actualisé au présent par l'acte conjugal qui réalise le lien conjugal. Dans la doctrine de Alexandre III l'acte conjugal fait présumer que les fiancés ont renforcé leur promesse, dans un don effectif, tandis que dans la doctrine de Huguccio l'acte conjugal fait présumer que les fiancés se sont échangés le consentement de présenti qui réalise le lien conjugal.

De tout ce qui précède il résulte qu'Alexandre III attribue à l'union charnelle un double rôle: si le mariage est réalisé par le consentement réciproque de praesenti, l'acte conjugal procure au lien l'indissolubilité absolue du mariage sacramentel; si, par contre, le lien matrimonial a pris origine dans l'as-

---

[167] Cf. Dauvillier J.: *Le mariage*.

sensus de futuro suivi de relations sexuelles, l'acte conjugal actualise au présent le consentement, déjà donné comme consentement matrimonial pour le futur dans l'assensus de futuro [168]. Dans la théorie d'Alexandre III l'acte conjugal ne peut pas être considéré comme base conjecturale de l'échange du consensus de praesenti, qui fait naître le lien matrimonial, indépendamment du consentement de futuro: c'est ce que Huguccio admettait. Mais comme nous l'avons déjà pu entrevoir, tout cela ne signifie pas que toute présomption de mariage est exclue de la doctrine d'Alexandre III.

D'autre part il a certainement contribué, quoique indirectement, à la formation de la théorie défendue par Huguccio, par le fait qu'il a posé l'une à côté de l'autre les deux possibilités de réaliser le lien conjugal. Car, quand Huguccio admet que seul le consentement de praesenti peut donner origine au lien de mariage, il a pensé trouver dans la théorie du mariage présumé la solution du problème des deux possibilités de contracter le mariage.

Enfin nous ne voulons pas omettre de relever qu'Alexandre III, selon notre lecture de ses oeuvres, n'a pas changé fondamentalement sa doctrine de la formation du lien. A part une évolution terminologique nous sommes convaincus, comme nous avons essayé de le prouver, qu'il a toujours défendu sa propre conception de l'origine du lien matrimonial; c'est à dire que la desponsatio (plus tard davantage déterminée comme desponsatio de praesenti) donne l'origine à une obligation réciproque qui ne peut être dissoute par un mariage subséquent, mais qui n'empêche pas l'acceptation libre de la vie religieuse.

b. *Lucien III (1181-1185), Urbain III (1185-1187), Clément III (1187-1191), Célestin III (1191-1198)* [169].

Il est souvent difficile d'avoir une idée exacte de la conception que les différents papes se faisaient de l'origine du lien matrimonial. Guidés par les données vagues de leurs décrétales nous voulons essayer de déterminer, dans la mesure

---

[168] SEHLING E.: *Die Unterscheidung*, 127. Notons la différence entre le rôle attribué à l'acte conjugal par Alexandre III et Gratien. Ce dernier considère l'acte conjugal comme 'cocause' de la desponsatio. Alexandre III considère l'acte conjugal, précédé des fiançailles seulement comme indice pour conjecturer à l'actualisation du consentement au présent.

[169] Dates empruntées au *Corpus juris Canonici,* pars 2, col. XII-XIV, Ed. FRIEDBERG E.

du possible, quelle était l'Ecole à laquelle ces papes ont adhéré.

Pour *Lucien III* nous ne trouvons aucune décrétale qui puisse nous aider à déterminer l'Ecole qu'il a suivie. Mais grâce à une réponse au patriarche Henri de Grado, évêque de Castellaneta, nous pouvons affirmer qu'il a suivi la doctrine gratienne. Car, sans faire la distinction entre desponsatio de praesenti et desponsatio de futuro, pourtant généralement admise depuis Alexandre III, il écrit:

> « Cum honestius sit, ut quisque unam quam duas cognoscat, dignum est et consonum rationi cum ea remaneat, quam cognovit, et penitentiam agat de fide mentita, quia eam, cui primo juraverat, non accepit » [170].

En nous basant sur la décrétale c. 5, X. 4, 5 nous pouvons déclarer qu'*Urbain III* a accepté la théorie d'Alexandre III. Pour lui aussi le lien matrimonial peut prendre son origine ou bien dans l'échange du consentement de praesenti, ou bien dans le consensus de futuro suivi de l'union charnelle des futurs conjoints.

Même si nous ne disposons pas d'une décrétale dont nous pourrions directement déduire quelle était la théorie acceptée par *Clément III*, il ne nous paraît pas trop audacieux d'affirmer que, vu la décrétale c. 12, X. 4, 2, il aurait défendu la théorie du consentement. Nous basons notre opinion non seulement sur le fait qu'il admet la distinction dans la desponsatio, mais encore sur son affirmation qu'une desponsatio — invalide in casu (puisque le conjoint n'avait pas atteint l'âge de 7 ans), mais convalidée par la cohabitation librement continuée — peut être dissoute par la desponsatio de praesenti. Ainsi il affirme implicitement que cela ne se vérifierait pas dans le cas d'une desponsatio de futuro.

Partant seulement de la décrétale c. 5, X. 4, 13 nous pensons pouvoir conclure avec une grande probabilité que *Célestin III* a suivi la théorie lombardienne. Dans cette théorie seulement, il pouvait accepter l'impuissance comme base de dissolution du lien conjugal. S'il acceptait l'union charnelle comme ' cocausa ' du lien, ce serait insensé de parler de la dissolution d'un lien qui n'aurait jamais existé.

---

[170] Collectio Lipsiensis, t. 59, c. 16, cité par FREISEN J.: *Geschichte*, 196.

c. *Innocent III (1198-1216)* [171].

Pour les papes, qui ont régné entre Alexandre III et Innocent III, nous avons dû nous baser sur quelques indices plutôt vagues, pour nous faire une idée de leur conception sur l'origine du lien matrimonial; pour Innocent III lui-même, au contraire, nous disposons de textes suffisamment nombreux pour savoir exactement quelle était sa conception à ce sujet.

A l'encontre de ce qu'on pourrait attendre, notamment qu'Innocent III aurait défendu la doctrine de son maître Huguccio, nous sommes convaincus que dans ses décrétales, il ne fait que continuer la doctrine d'Alexandre III, comme il nous le dit lui-même dans la décrétale c. 14, X. v, 32:

> « nos tamen nolentes a praedecessorum vestigiis in hoc articulo subito declinare ».

Nous ne devons pas interpréter trop strictement ce texte en attachant trop d'importance aux paroles « in hoc articulo subito »; regardons entre autres la réponse à l'archévêque de Otranto en 1198, dans laquelle il nous donne l'un à côté de l'autre les deux possibilités de formation du lien matrimonial acceptées par Alexandre III:

> « Desponsatio eos matrimonialiter fuisse conjunctos ostendit, sive desponsatio ipsa fuerit de praesenti ut per consensum legitimum et verbis de praesenti expressum, sive de futuro ut per sequentem carnis copulam matrimonium inter eos fuerit celebratum » [172].

J. Freisen pense trouver dans la décrétale c. 5, X. 4, 4 une confirmation du fait qu'Innocent III attribue à l'union charnelle une valeur de contrat de mariage:

> « In matrimoniis de coetero contrahendis illud volumus observare, ut postquam inter legitimas personas consensus legitimus intervenerit de praesenti, qui sufficit in talibus iuxta canonicas sanctiones, et, si solus defuerit, cetera, *etiam cum ipso coïtu frustrantur*.

Si nous comparons cette décrétale avec c. 14, X. 4, 2:

> « et inter eam et primum virum legitimus intervenerit de praesenti consensus absque dubio inter eos erat legitimum

---

[171] Cf. note 169.
[172] *Regesta*, lib. 1, 322, 3 non aug. 1198.

matrimonium contractum etsi carnalis commixtio non fuerit subsecuta »,

il nous semble que l'interprétation de J. Freisen est un peu forcée, surtout quand il veut nous faire croire qu'il ne peut y avoir un mariage valide sans union charnelle.

Il y a tout un hiatus entre cette opinion de Freisen et l'opinion selon laquelle les relations sexuelles n'ont aucune signification chez Innocent III dans la formation du lien matrimonial, et que selon lui le mariage prendrait son origine uniquement dans l'échange du consentement de praesenti [173]. C'est entre ces deux extrêmes que se situe la vérité. Nous ne voulons pas déduire de la décrétale c. 14, X. 4, 2, qu'Innocent III aurait défendu sans aucune réserve la doctrine de Huguccio, qui accepte comme cause du lien conjugal uniquement l'échange du consentement, et qui pour expliquer la deuxième possibilité acceptée par Alexandre III, fait appel à la théorie de la présomption selon laquelle les fiançailles suivies de l'acte conjugal permettent de présumer l'échange du consentement de praesenti, cause du mariage. Au contraire, nous pensons qu'Innocent III a continué la ligne déjà suivie par Alexandre III. Bien qu'il emploie le mot « praesumendum », ce qui pourrait faire penser qu'il défend la doctrine de son maître Huguccio, il ressort d'un examen plus attentif du texte qu'il exprime par les mêmes mots une réalité différente. Ainsi nous lisons dans la décrétale c. 26, X. 4, 1:

> « Super quod tibi respondemus quod quum praefatus vir praedictam desponsaverit mulierem in propria persona et sub nomine alieno, quo tunc vocari se finxit, et inter eos sit carnalis copula subsecuta, *videtur forte pro conjugio praesumendum* nisi tu nobis expresse scripsisses, quod ille nec proposuit, nec consentit quod qualiter tibi constituerit non videmus ».

Cette décrétale c. 26, X. 4, 1, peut être interprétée de deux façons.

— Ou bien on considère la première partie comme se référant au for externe et la deuxième au for interne. Cette interprétation ne justifie pas les mots « nos autem quid juris sit rescribentes »; elle est pourtant généralement acceptée [174].

---

[173] Comparez WEIGAND R.: *Die bedingte Eheschliessung*, 289-290, en opposition à DAUVILLIER J.: *Le mariage*, 58-63.
[174] JEAN DE ANDREA: *In quartum decretalium commentaria acutis-*

— Ou bien on considère toute la décrétale comme se référant au for externe. Cette interprétation justifie bien les mots « juris rescribentes »; de plus elle attribue à l'expression « forte pro conjugio praesumendum » plus exactement sa signification de probabilité (on pourrait présumer le mariage); mais elle nous pose le problème : comment expliquer la différence entre les deux parties de la décrétale? La réponse peut être double :
— Ou bien, Innocent III accepte la doctrine de son maître Huguccio qui dit que dans l'acte conjugal après les fiançailles, se présume l'échange du consentement de praesenti; dès lors la réfutation du mariage présumé dans cette décrétale c. 26, X. 4, 1, s'explique uniquement en y voyant une forte limitation de l'application de la théorie du mariage présumé aux deux cas suivants : l'acte conjugal fait suite à des fiançailles; un mariage est vicié par un empêchement autre que le manque du consentement : « quod ille nec proposuit, nec consentit illam ducere ».
— Ou bien Innocent III continue la doctrine d'Alexandre III selon laquelle l'union sexuelle actualise par présomption au présent le consentement échangé, qui restait inefficace à cause d'un empêchement. Même cette hypothèse explique l'opposition entre les deux parties de cette décrétale. Dans la première partie, Innocent III parle d'une situation qui serait une base suffisante pour la présomption (Huguccio la considère comme telle), mais puisque l'échange de consentement, substance du mariage, fait défaut, il est impossible de présumer que l'acte conjugal actualise ce consentement : par conséquent Innocent doit refuser la présomption du lien conjugal, ce qu'il fait dans la deuxième partie. Il est peu probable qu'Innocent III renonce à la doctrine de son prédécesseur Alexandre III en se prononçant pour la doctrine de son maître : s'il suivait Huguccio, il serait obligé de limiter la possibilité d'appliquer la théorie du mariage présumé telle qu'elle est défendue par son maître. Au contraire il nous semble fort acceptable qu'Innocent III applique la terminologie du mariage présumé de son maître à la doctrine de son prédécesseur. En effet :

---

sima, ad c. 26, X. 4, 1. ANT. DE BUTRIO: *In librum quartum decretalium commentarii,* ad c. 26, X. 4, 1. PETRUS D'ANCARANO: *Super quarto decretalium facundissima commentaria,* ad c. 26, X. 4, 1. PRAEPOSITUS: *lectura aurea aurea super quinque decretalium,* ad c. 26, X. 4, 1.

« nos autem quid juris sit rescribentes hoc dicimus ... non debet ex illo facto conjugium judicari ».

Le caractère de mariage présumé est refusé à une situation qu'il sait « forte pro conjugio praesumendum » selon la théorie de son maître Huguccio; ce refus est basé précisément sur l'absence d'un consentement (« quod ille nec proposuit, nec consentit illam ducere ») qui peut être actualisé par l'acte conjugal subséquent.

Si nous voulons parler de présomption de mariage dans cette décrétale, il est clair qu'il s'agit d'une présomption toute différente de celle acceptée par Huguccio pour expliquer l'origine du lien matrimonial, dans le cas d'une desponsatio de futuro suivie de l'union charnelle des futurs époux. On pourrait faire appel à la décrétale c. 6, X. 4, 5 comme preuve du contraire. Pourtant même cette décrétale ne peut nous convaincre qu'Innocent III aurait introduit dans la législation ecclésiastique la doctrine d'Huguccio:

« Consultationi tuae taliter respondemus quod, cum liquido constet per confessionem tam viri quam mulieris, quod post contracta sponsalia carnalis est inter eos copula subsecuta, pro matrimonium vehementer quidem praesumendum, quia videtur conditione apposita recessisse ».

Cette décrétale nous paraît plus compréhensible si nous l'interprétons selon la doctrine d'Alexandre III, c'est à dire qu'on se prononce pour l'existence du lien de mariage au for juridique parce que *la desponsatio de futuro suivie de relations sexuelles, qui font présumer que les futurs conjoints ont renoncé à la condition apposée, donne son origine au lien matrimonial.*

Si, par contre, nous voulons interpréter cette décrétale selon la doctrine d'Huguccio, l'interprétation nous semble un peu forcée. Car la décrétale d'Innocent III nous oblige de nous prononcer pour le mariage non seulement parce que l'union charnelle fait présumer que les futurs conjoints ont renoncé à la condition apposée (ce qui est explicitement exprimé), mais encore parce que l'acte sexuel fait présumer que le consentement de futuro s'est transformé en consentement de praesenti, cause du lien conjugal [175].

Or d'après Huguccio, il suffit que la desponsatio de futuro soit présumée changée en desponsatio de praesenti, pour que

---

[175] Cf. DAUVILLIER J.: *Le mariage*, 61.

le lien de mariage prenne origine, puisqu'il considère la condition apposée à un consentement de praesenti comme non ajoutée [176].

La décrétale par contre, affirme que l'union sexuelle fait présumer d'abord que les futurs conjoints ont renoncé à la condition, et ensuite que la desponsatio de futuro a été changée de praesenti.

Même avec la décrétale c. 14, X. 2, 13 nous ne pouvons pas prouver de manière décisive, qu'Innocent III aurait défendu la doctrine d'Huguccio. Il est plus probable qu'Innocent III se base sur la doctrine d'Alexandre III pour dire que s'il n'y a pas de desponsatio de futuro, un élément essentiel manque et que par conséquent il n'y a pas de mariage.

En résumé nous voulons affirmer qu'une interprétation plus directe et plus adéquate des textes nous oblige d'admettre que dans ses décrétales, Innocent III a continué la doctrine de la double possibilité de la formation du lien, introduite dans la législation ecclésiastique par Alexandre III. Mais nous admettons une certaine influence d'Huguccio, surtout quand Innocent III parle d'un mariage présumé, qu'il comprend pourtant d'une autre façon qu'Huguccio.

d. *Grégoire IX (1227-1239)* [177].

On peut interpréter les décrétales d'Innocent III, de plusieurs manières. Nous les comprenons dans la ligne d'Alexandre III; elles n'introduisent pas dans la législation ecclésiastique la théorie de présomption matrimoniale défendue par Huguccio. Grégoire IX pour sa part formule en terminologie huguciennne la doctrine de ses prédécesseurs; c. 30, X. 4, 1. Pour ne pas faire injustice à la validité de la deuxième possibilité de formation du lien, notamment l'acte sexuel après des fiançailles, il a déclaré que la présomption de l'échange du consentement de praesenti, sur la base de fiançailles suivies de l'acte conjugal, est *iuris et de jure*. Ainsi il introduit le mariage présumé, selon la conception d'Huguccio, dans le droit ecclésiastique et il nous donne déjà un commencement de réflexion sur cette institution, qui durant des siècles opposera les juristes aux théologiens et divisera les juristes entre eux. Pour la première fois nous trouvons chez Grégoire IX une déclaration plus précise du caractère de la présomption: il n'y a pas de

---

[176] Cf. p. 39, note 143.
[177] Cf. note 169.

preuves du contraire, au moins pas de preuves directes du contraire. Grégoire IX considère donc la présomption comme juris et de jure. D'autre part il nous donne les éléments requis pour pouvoir parler de présomption: notamment *la desponsatio de futuro* et *l'union charnelle*. Une simple tentative de relations sexuelles ne suffit pas. Décrétale c. 32, X. 4, 1.

B. La presence du mariage presume dans l'Eglise

Le panorama historique des différentes opinions au sujet de la formation du lien conjugal nous permet de déterminer la place du mariage présumé dans le droit ecclésiastique.

1. *Le mariage présumé dans le droit romain*

   a. *Existence de la présomption du mariage* [178].

Bien que normalement la présomption juridique est renvoyée à la période postclassique [179] nous avons été frappés par un texte de la période classique: Modestin D. 23, 2, 24, lib. 1, regularium:

> « In liberae mulierem *consuetudine* non concubinatus sed nuptiae intelligendae sunt, si non corpore quaestum fecerit ».

Suivant différents critiques [180] plusieurs généralisations en ce texte seraient de la main du compilateur. P. e.: Dans le droit classique on aurait trouvé « ingenuae » au lieu de « liberae ». Solazzi est d'avis que même après cette restriction, le texte reste trop large et ne devrait se comprendre que d'une certaine classe de « ingenuae ». G. Lungo n'admet pas le caractère classique de ce texte, car, dit-il, il est impossible que les juristes classiques aient établi que la 'consuetudo' avec une femme 'ingenua' doive être considérée comme mariage,

---

[178] Nous suivrons surtout l'exposition de R. Orestano: *Sul matrimonio presunto*, 49-50.

[179] Donatuti G.: *Le praesumptiones iuris in diritto romano*, 3 ss; Aron: *Les présomptions juris et de jure et leur origine historique*, N. R. H. 20 (1896), 500.

[180] Voir les études critiques de ce texte. Ferrini C.: *Pandette*, Milano, 1908³, 872; Bonfante P.: *Corso di diritto romano*, I, Roma, 1954, 189; Di Marzo S.: *Lezioni sul matrimonio romano*, I, Palermo, 1929, 62; Castello C.: *In tema di matrimonio e concubinato nel mondo romano*, Milano, 1940, 187; Solazzi S.: *Il concubinato con l'obscuro loco nata*, SDHI, 14 (1947-1948) 275.

sans qu'il y ait la preuve de l'animo maritali ', sans les honneurs et sans l'expression externe de la volonté ' perdurans ' [181]. En dépit de toutes les transformations (généralisations) de la main du compilateur, l'idée fondamentale, selon laquelle il y a mariage présumé dans le cas, où un homme et une femme vivent de fait ensemble, paraît [182], demeurer intacte.

Un texte de Enantiofane nous en donne la confirmation:

> « Nota ius mirabile, ex praesumptione aliquem eam uxorem habere videri, quae *consuetudine* ei juncta est, si libera sit nec corpore suo quaestum faciat » .

Orestanus fait appel à se texte comme preuve du caractère classique du texte de Modestin D. 23. 2, 24, lib. 1, regularium, mais G. Lungo lui donne un tout autre sens; d'après ce dernier, le texte en question renvoie au système des preuves du mariage, caractéristiques du droit des Novelle (Nov. 74; cap. 5) [184].

Sans vouloir affirmer le caractère classique de la présomption du lien conjugal nous constatons l'existence du mariage présumé dans le droit romain.

b. *La raison de la présomption*

Nous pouvons entrevoir la raison de cette présomption en comparant le texte des Digestes: D. 23. 2, 24, avec un autre texte également de Modestin: D. 48, 5, 35, libro I regularium.

> « Stuprum committit qui liberam mulierem *consuetudinis causa* non matrimonii continet, excepta videlicet concubina ».

Ce texte nous donne une explication du digeste D. 23. 2, 24. Le droit présume le lien matrimonial entre un homme et une femme qui vivent ensemble « modo uxorio ». Si l'homme nie que cette femme est son épouse, il est coupable de « stuprum ».

La raison de la présomption du mariage est donc évidente: le droit ne veut pas présumer le crime de « stuprum ». Potius praesumere actum permissum quam delictum » [185].

Nous trouvons une confirmation de cette interprétation dans le texte de Marcianus: D. 25, 7, 3, pr. lib. duodecimo institutionum.

---

[181] LUNGO G.: *Ricerche Romanistiche,* 333.
[182] LUNGO G.: *O. c.,* 337.
[183] Ed. Heimbach, t. III, p. 169, Basilici, lib. 18, 4, 13, d'après la citation de R. ORESTANO, *Sul matrimonio presunto,* 52.
[184] LUNGO G.: *Ricerche Romanistiche,* 333.
[185] D. 17, 2, 52, 1, *Corpus iuris civilis,* éd. Krüger.

> « ... Aliquem si honestae vitae et ingenuam mulierem in concubinatum habere maluerit sine testatione hoc manifestum faciente, non conceditur, sed necesse est ei vel uxorem eam habere vel hoc recusantem stuprum cum ea commitere ».

Celui qui a des relations avec une femme se trouve en face d'un triple choix : ou bien il accepte la femme comme conjointe ; ou bien il la refuse, mais alors il est coupable de 'stuprum', à moins qu'il ne choisisse la troisième possibilité : remplir les formalités nécessaires pour qu'il puisse avoir cette femme comme concubine [186]. Ce texte de Marcianus est comme un résumé de D. 23, 2, 24 et D. 48, 5, 35 : personne ne peut avoir une 'ingenua et honesta' comme concubine (non in concubinatu intelligendae sunt), mais comme conjointe légitime (nuptiae) ; si l'homme refuse (recusantem) (non matrimonii causa) il commet le crime de stuprum.

c. *Genre de la présomption* : *juris tantum, ou juris et de jure*.

Cette confrontation de textes nous révèle non seulement la raison de la présomption, mais aussi son genre. La cohabitation est présumée mariage à moins que l'homme ne s'oppose (nisi recusantem) à l'acceptation de cette situation et se déclare ainsi coupable du crime de 'stuprum'. La possibilité de s'opposer directement contre la présomption du mariage nous indique que le texte D. 23. 2. 24, connaît uniquement la présomption juris tantum. Nous retrouvons une confirmation de notre opinion dans un texte de Papien D. 34. 9. 16. 1 :

> « Quoniam stuprum in ea contrahi non placuit, quae se non patroni concubinam esse patitur, eius, qui concubinam habuit, quod testamento relictum est, actio non denegabitur, idque in testamento Coccei Cassiani, clarissimi viri, qui Rufinam honore pleno dilexerat, optimi maximique principes nostri iudicaverunt : cuius filiam, quam alumnam testamento Cas-

---

[186] Odofredus, *In secundam Digesti veteris partem praelectiones*, Lugduni 1552, ad 1. 23, de ritu nupt., 1. in libere, p. 172 : « Cum homo inducit mulierem in domum suam si ingenuam aut protestatur quod vult eam in concubinam habere : aut tacet aut protestatur quod non vult eam uxorem habere : et erat impotens in concubinam eam habeat ..., et qui suscipiuntur inde sunt naturales filii tantum ..., si tacet et ingenua est et honeste vivebat : praesumemus eam uxorem favore matrimonii ... unde qui nascentur erunt legitimi et naturales ..., si autem protestatur quod non vult eam uxorem habere et mulier est ingenua stuprum committit et de eo poterit accusari ».

sianus nepti coheredem datam appellaverat, vulgo quaesitam apparuit ».

En traduction littérale nous comprenons ce texte comme suit :

On ne refuse pas le procès de celui qui eu une concubine, ce qui est dit dans son testament, puisqu'il ne plait [187] pas qu'un 'stuprum' soit commis contre celle qui, n'admet pas être la concubine de son patron. Comme ceci est dit dans le testament de Cocceus Cassianus, un homme illustre, qui en tout honneur aimait l'ingenua Rufina, nos plus grands juges (rois) prononcèrent : sa fille, que Cassianus désigne dans son testament comme cohéritière de son neveu, et qu'il appelle 'alumna', paraît être une 'vulgo quaesita'.

R. Orestano [188] comprend le texte comme parlant d'un procès entre trois femmes à propos des biens de Cocceus Cassianus, hypothèse qu'il ne suit plus quand il accepte l'interpétation de Mitteis; en opposition à cette hypothèse de R. Orestano, nous comprenons ce texte comme une explication indirecte de la présomption en tant que juris tantum, qui peut être contredite même à partir d'un testament.

La difficulté à laquelle les juges se voient confrontés n'est pas une discussion au sujet des biens de Cocceus Cassianus, mais une question plus juridique : 'Quelle est la situation de Rufina ?'.

D'une part, pendant sa vie, Cocceus considère Rufina comme sa femme légitime (vu qu'il l'aime 'pleno honore', le droit présume un mariage valide: nuptiae intelligendae sunt); d'autre part dans son testament, Cocceus Cassianus désigne sa fille par le nom d'alumna: il ne la considère pas comme sa fille légitime; par conséquent il ne voit pas sa relation avec Rufina comme un mariage, mais comme stuprum ('hoc recusantem « il appelle sa fille alumna » stuprum cum ea committere').

Il ne s'agit donc pas de savoir qui est l'héritier des biens de Cocceus Cassianus: il s'agit de déterminer s'il faut se tenir à la présomption confirmée par le vie de C. Cassianus, ou bien s'il faut préférer le testament, ce qui équivaudrait à une dégradation de Rufina, femme légitime, à une 'stupro cognita', même si 'stuprum in ea contrahi non placuit'.

---

[187] Nous ne le comprenons pas seulement d'une personne qui elle même n'accepterait pas d'être concubine, mais plutôt dans le sens que toutes les indications sont de telle sorte qu'ils excluent la présomption du concubinat.

[188] ORESTANO R.: *Sul matrimonio presunto*, 55.

Les juges prononcèrent la sentence suivante : la présomption de mariage est juris tantum et admet une preuve du contraire, même prise dans le testament de celui qui avait une concubine. Dans son testament Cocceus Cassianus ne considère pas la fille de Rufina comme sa fille légitime ; en dépit de toute apparence il ne reconnaît pas Rufina comme son épouse légitime ; par conséquent elle est une ' stupro cognita '. Notre explication correspond assez bien à celle qui est défendue par R. Orestano quand il explique ' recusantem ' [189].

En effet il admet la possibilité d'une procédure ' d'accertamento ', mais il la limite à la vie de l'homme en question, et pense devoir conclure qu'on peut seulement invoquer la règle donnée par Modestin quand on doit juger de la nature d'un lien douteux, en faveur duquel on ne dispose ni d'indices, ni d'indications explicites de la part de l'époux [190]. Nous pensons que l'accertamento peut se faire aussi à l'aide du testament d'une personne.

d. *Forme du mariage présumé dans le droit romain*

En opposition au droit canonique, qui connaît trois formes traditionnelles du mariage présumé [191], le droit romain n'admet qu'une seule forme : la cohabitation est présumée mariage. Partant de la cohabitation comme base conjecturale, on présume jusqu'à preuve du contraire que les personnes cohabitantes ont échangé le consentement matrimonial.

Nous voulons faire remarquer que les textes cités ne parlent ni de la *deductio in domum*, ni de l'*acte conjugal*. La présomption se base sur la ' consuetudo '. Cette expression nous dit plus qu'une cohabitation matérielle. Il s'agit d'une cohabitation caractérisée par une certaine durée. La base conjecturale du mariage présumé n'est donc pas la simple cohabitation, mais le fait que l'homme et la femme vivent déjà ensemble depuis un certain temps. Pour le reste rien n'est déterminé. Si l'acte conjugal est nécessaire ou non est une question étrangère au droit romain.

L'opinion de E. Sehling [192], qui dit que l'acte conjugal est base conjecturale du mariage présumé, est erronée dans la mesure où l'union charnelle comme telle dans le droit romain n'est pas considérée comme base conjecturale. Son opinion

---

[189] IDEM, *o. c.*, 54.
[190] IDEM, *o. c.*, 54-55.
[191] Cf. p. 2.
[192] SEHLING, E.: *Die Unterscheidung*, 18-19.

est exacte dans la mesure où il voit l'acte conjugal comme conséquence nécessaire et signe de la cohabitation prolongée d'un homme et d'une femme.

L'affirmation de A. von Scheurl [193], par contre, qui prétend que l'acte conjugal n'est pas nécessaire pour les romains puisque selon eux, la domum deductio suffit pour que la cohabitation commence, concorde parfaitement avec son opinion au sujet de l'origine du lien conjugal dans le droit classique: cohabitation de fait et affectio maritalis sont la cause du lien conjugal. Cette opinion ne s'oppose pas à la théorie de E. Sehling. Ils parlent de choses différentes. E. Sehling parle de la base conjecturale du mariage présumé; A. von Scheurl n'en peut rien dire, puisque la catégorie 'mariage présumé' lui est étrangère [194].

e. *Le déclin de la présomption du mariage*

Sous l'influence de la prescription, par Justinien, des formalités (instrumenta) nécessaires pour qu'une relation entre un homme et une femme soit considérée comme mariage, la présomption tend à disparaître. La constitution de Justinien C. 5, 27, 10, de l'an 529 affirme la nécessité de la forme. Elle nous dit: une relation douteuse à cause de l'absence de la 'donatio' ou de la 'dos', peut être considérée comme mariage si l'on dispose des 'instrumenta'. Pourtant nous ne devons pas nous tromper et considérer ces 'instrumenta' comme une possibilité parmi d'autres pour enlever le doute. Dans la constitution C. 5. 27. 10, en effet, il est dit implicitement que si l'affectio prioris subolis ne portait pas jusqu'à la rédaction des 'instrumenta', les enfants seraient illégitimes (injusti) et la relation ne serait pas un mariage.

L'importance essentielle de la forme s'exprime surtout dans la Novella 74. Nous pouvons y lire explicitement que l'épouse ne peut pas être renvoyée et est considérée mariée légitimement, du moment qu'elle peut prouver de manière légitime (modis legitimis) que l'homme l'a acceptée dans sa maison comme épouse légitime et comme mère de ses enfants. Le simple fait de la cohabitation même prolongée n'est plus une base conjecturale suffisante pour le mariage présumé.

Certes, la cohabitation est toujours considérée comme signe de l'échange du consentement mais cet échange de consen-

---

[193] SCHEURL, A.: *Consensus facit nuptias*, ZfK von Dove, 22 1889), 279.

[194] IDEM, *o. c.*, 279-280.

tement ne suffit plus pour créer un mariage valide dans l'ordre juridique. Il est nécessaire que la forme obligatoire soit observée.

Nous pourrions comparer ceci avec l'obligation de la 'forma canonica' introduite par le concile de Trente. Selon le concile la cause du mariage reste l'échange du consentement; pourtant cet échange de consentement n'est pas efficace dans l'ordre juridique, si la 'forma' n'a pas été observée.

2. *Le mariage présumé dans le droit ecclésiastique*

Nous voulons distinguer trois périodes: la première durant laquelle l'Eglise ne disposait pas d'une forme spécifique pour la formation du lien matrimonial, la deuxième durant laquelle elle s'est élaboré une forme bien spécifique, et finalement la période de la législation papale.

a. *Avant l'intervention ecclésiastique dans le contrat du mariage sur le plan juridique.*

1. *Avant la chute de l'Empire Romain*

Pendant les premiers siècles, l'Eglise a limité ses interventions plutôt au plan pastoral, sans imposer une forme ecclésiastique au contrat de mariage. Ainsi durant cette période, comme d'ailleurs dans le droit romain postclassique justinien qui valait aussi pour les chrétiens, nous ne pouvons faire appel a l'union charnelle des futurs conjoints pour présumer que dans l'union charnelle, le consentement de futuro ait été changé en consentement de praesenti qui réaliserait le mariage. En effet, même si les conjoints avaient changé leur consentement de futuro en consentement de praesenti, il y aurait toujours l'obligation de la forma, imposée par le droit romain et qui empêcherait la présomption de la formation du lien conjugal [195].

2. *Après l'invasion des germains*

Confrontée avec de nouvelles formes de célébration du mariage, l'Eglise une fois de plus se confine au plan moral, et accepte au plan juridique les formes existantes, qui pourraient se résumer par ' Consensus traditione puellae confirmatus nuptias facit ' [196].

---

[195] Cf. p. 60.
[196] Cf. p. 9-10.

De quelque manière que l'on envisage les formes selon lesquelles le mariage est contracté dans cette période, une chose reste certaine : il n'y a pas de place pour le mariage présumé.

b. *La période de l'élaboration d'une forme juridique ecclésiastique pour le contrat de mariage.*

Sous l'influence des théologiens qui réfléchissent sur la sacramentalité du mariage et par conséquent aussi sur la question de savoir quand le mariage sacramentel se réalise, l'Église détermine progressivement les exigences requises pour un mariage entre chrétiens.

Contre *Hincmar de Reims,* qui conçoit l'union charnelle comme élément essentiel [197] pour qu'il y ait mariage, *Pierre Damien* défend une théorie mitigée selon laquelle le consentement donne l'origine au mariage et l'union charnelle le mène à sa perfection [198]. Cette théorie est acceptée et élaborée davantage par *Anselme de Laon, Guillaume de Campeaux,* et *Abélard*. Chez ce dernier nous rencontrons pour la première fois la distinction entre consensus de praesenti et consensus de futuro [199]. *Hughes de Saint-Victor* élaborera cette distinction, et nous trouvons chez lui pour la première fois, l'image d'une certaine présomption de mariage. Il attribue notamment au consentement, exprimé seulement par des actes expressifs du mariage, la force de contracter le mariage [200]. Pierre Lombard [201] suit la doctrine défendue par Hughes de Saint-Victor et l'élabore d'une manière logique. Le mariage parfait est réalisé par l'échange du consentement matrimonial de praesenti, tandis que l'union charnelle n'ajoute plus rien à l'être du mariage. Au consentement de futuro, par contre, il n'attribue aucune valeur de contracter le mariage, même pas s'il est suivi de l'union charnelle. Cela ne veut pas dire, qu'il n'y ait pas possibilité d'un mariage présumé. Car, *nier toute valeur de former le lien matrimonial au consentement de futuro suivi de l'acte conjugal, ne signifie pas que le consentement de futuro suivi de l'acte conjugal ne puisse servir de base pour admettre que les futurs époux ont changé leur consentement de futuro en consentement de praesenti et réalisent*

---

[197] Cf. p. 10-11.
[198] Cf. p. 11-12.
[199] Cf. p. 13, note 34.
[200] Cf. p. 13-14.
[201] Cf. p. 21-23.

ainsi leur mariage. D'autant plus que si nous prenons en considération le fait que Pierre Lombard ne s'oppose pas à l'expression du consentement par signes, nous pourrions nous demander si pour lui, le consentement de futuro suivi de l'union charnelle ne serait pas un signe suffisant de l'échange du consentement de praesenti.

Mais Pierre Lombard ne se contente pas de copier la doctrine de Hughes de Saint Victor; il y ajoute une élaboration ultérieure en défendant la validité d'un mariage frauduleusement conclu [202].

La doctrine homogène au sujet de la formation du lien matrimonial ne s'obtiendra qu'après deux autres siècles de polémique entre l'Ecole de Paris, qui suit la théorie de Pierre Lombard [203] et l'Ecole de Bologne qui suit celle de Gratien [204].

Selon ce dernier, en effet, le mariage n'est réellement considéré comme conclu, qu'au moment où l'échange de consentement, qui donne un début de mariage, se voit confirmé par l'union charnelle des conjoints. Un mariage présumé devient ainsi inconcevable dans la doctrine de Gratien [205]. Tandis que *Paucapalea, Roland Bandinelli,* dans sa 'Summa', l'*Auteur des 'Quaestiones incerti auctoris'* se conforment à la doctrine de leur maître Gratien, une théorie intermédiaire se développe progressivement. Sans tomber dans la théorie extrême de Pierre Lombard, *Roland Bandinelli* défendra déjà dans sa 'Sententiae' qu'un lien matrimonial prend son origine dans l'échange du consentement de praesenti. Mais ce lien, quoique indissoluble en principe, au moment de sa naissance, obtiendra l'indissolubilité absolue dans l'union charnelle des époux. Du consentement de futuro résulte seulement un lien dissoluble.

Comme il accepte la distinction entre consensus de praesenti et consensus de futuro, il y a possibilité de transition de l'un à l'autre, exigence fondamentale pour pouvoir parler de présomption du mariage. D'ailleurs il ne voit pas l'acte conjugal comme 'cocausa' et par conséquent celui-ci peut assumer une autre fonction.

Etienne de Tournai n'attribue pas non plus à l'union sexuelle un rôle direct dans la formation du lien matrimonial [206]. Nous ne pouvons pas en déduire pour autant que, s'appuyant

---

[202] Cf. p. 23, note 75.
[203] Cf. p. 21-23.
[204] Cf. p. 17-21.
[205] Cf. p. 21.
[206] Cf. p. 33-34.

sur l'union charnelle comme signe de l'échange du consentement, il conçoive le consentement de futuro comme changé en consentement de praesenti.

Jean Faventin, qui accepte explicitement la double possibilité du contrat du mariage, nous semble mentionner implicitement la présomption du mariage que nous trouverons explicitement énoncée par Huguccio. Car l'expression 'affectu maritali' employée dans 'sed tamen cum postea ab alio publice desponsata, maritali affectu cognocitur ratum erit matrimonium'[207] ne peut se justifier que si l'auteur comprend la desponsatio comme desponsatio de futuro, qui n'a aucune valeur de contrat de mariage. L'union charnelle 'affectu maritali' change cette desponsatio de futuro en desponsatio de praesenti, de laquelle résulte le lien matrimonial.

De la comparaison de différents textes de la '*Summa de matrimonio*'[208], dans laquelle Bernard de Pavie suit l'extrême théorie du consentement, il résulte que celui-ci ne connaît pas seulement la présomption matrimoniale, mais reconnaît aussi une forme de présomption 'juris et de jure': il n'admet pas de preuves directes du contraire quand un mariage est contracté pour abuser d'une fille.

Dans sa '*Summa decretalium*', par contre, où il suit la doctrine d'Alexandre III[209], nous ne retrouvons plus cette théorie. Ici, il nous dit explicitement que le lien matrimonial peut être réalisé par le consentement de praesenti, et aussi par la desponsatio de futuro suivie de l'union charnelle des futurs conjoints. Veut-il insinuer ainsi qu'il n'admet plus de présomption de mariage? Nous donnerions plutôt une réponse négative. *Certes l'acceptation de la deuxième possibilité de contracter le mariage exclut la théorie de présomption acceptée de Huguccio' mais elle n'exclut pas toute présomption de mariage.*

Finalement *Huguccio*, qui défend le consentement de praesenti comme *unique* possibilité de contracter mariage, s'efforce d'expliquer comment son opinion ne s'oppose pas à la théorie, alors généralement acceptée, selon laquelle le lien du mariage peut prendre origine dans la desponsatio de futuro suivie de l'union charnelle. Même dans ce cas, le lien matrimonial est réalisé par le consentement de praesenti. Certes les futurs époux n'ont pas explicitement échangé ce consentement, mais

---

[207] Cf. p. 35-37.
[208] Cf. p. 40-41.
[209] Cf. p. 41-42.

quand ils ont fait suivre leur promesse de mariage par l'acte conjugal, ils ont changé cette promesse en donation et acceptation réciproque, c'est à dire, ils ont implicitement échangé le consentement de praesenti, qui donne naissance au lien conjugal. En d'autres mots, si les fiançailles sont suivies de l'acte conjugal, on peut présumer que les futurs époux ont échangé le consentement de praesenti: Ainsi fut formulée explicitement pour la première fois la théorie du mariage présumé, qui occupera les juristes jusqu'au moment de sa suppression par le concile de Trente dans son décret 'Tametsi'.

Nous devons pourtant nous demander si la théorie du mariage présumé d'Huguccio est la seule théorie possible. A cette question nous pensons devoir répondre par la négative.

Car, au lieu de considérer le consentement de futuro suivi de l'acte conjugal comme base valable pour présumer le consentement de praesenti (qui réalise le lien matrimonial), nous pouvons dire que l'union charnelle fait présumer que le consensus de futuro (qui est promesse de mariage, mais conserve neanmoins une valeur de consentement matrimonial pour le futur) est actualisé de manière à réaliser le lien matrimonial en tant que consensus de praesenti praesumptus. Ainsi nous pensons comprendre la glose de Bernard de Parme quand il commente la décrétale c. 30, X. 4, 1:

« Consensus et forma sunt hic, licet verba de futuro, quae per carnalem copulam subsequentem fiunt de praesenti praesumptive: Sed per carnalem copulam subsequentem, praesumitur consensus, per verba praecedentia designatur forma licet illa ab initio fuerint de futuro » [210].

Nous croyons retrouver la même interprétation chez Hostiensis:

« et carnalis copula verba de futuro trahit ad praesens tempus praesumptive » [211].

Si nous comprenons la présomption de mariage selon cette dernière interprétation, nous sommes obligés d'admettre que les origines de cette institution remontent au temps d'avant

---

[210] BERNARDUS DE BOTONO PARMENSIS: *Corpus Iuris Canonici,* Glossa ad c. 30, X, 4, 1, ad verbum 'contra praesumptionem'.
[211] HOSTIENSIS: *Summa Aurea,* Lib. 4, De matrimoniis, fol 289.

Huguccio. Admettre pourtant avec J. Dauvillier[212], que nous trouvons déjà une forme de présomption de mariage chez Gratien, nous semble un peu téméraire, car la totalité avec laquelle il conçoit la desponsatio et l'excluison a priori de toute distinction et possibilité d'évolution de la desponsatio nous semble exclure toute présomption.

En effet le rôle qu'il attribue à la desponsatio, dans laquelle il n'accepte pas d'évolution, et à l'acte conjugal: être 'cocause' du lien matrimonial parfait, nous semble exclure la présomption du lien conjugal sur la base de l'acte conjugal subséquent aux fiançailles, car si dans sa doctrine les sponsalia sont suivies de l'acte conjugal, le lien matrimonial existe parfait et ne doit pas être présumé.

Il nous semble que l'exigence minimale requise pour un mariage présumé est la possibilité d'une évolution d'un consentement qui n'est pas cause du lien matrimonial vers un consentement qui en est la cause, même si ce dernier consentement, était une actualisation au présent d'un consentement de futuro. En effet il n'est pas impossible que ce consentement réalisant le mariage soit déjà donné pour le futur dans la desponsatio de futuro, mais soit actualisé au présent par l'union charnelle, conception nettement différente de la conception de Gratien ou la desponsatio et la copula, comme 'cocause' réalisent le lien conjugal.

La théorie communément acceptée et pour la première fois explicitement formulée par Huguccio, admet une évolution du consentement de futuro, promesse de mariage sans aucune efficacité quant au lien matrimonial, vers un consentement de praesenti qui réalise le mariage. L'autre théorie moins généralement acceptée[213] soutient au contraire qu'il y a évolution d'un consensus de futuro, promesse de mariage qui néanmoins conserve une valeur de contracter le mariage dans le futur, vers un consensus de praesenti, continuation présumée au présent du consentement de futuro, réalisant le mariage.

De tout ceci il résulte que, quoiqu'en dise J. Dauvillier, nous ne pouvons pas parler de présomption de mariage s'il n'y a pas de distinction entre sponsalia de praesenti et sponsalia de futuro.

---

[212] Dauvillier, J.: *Le mariage,* 64.
[213] Opinion de Bernard de Parme et du Hostiensis, cf. p. 65.

c. *Dans les décrétales*

Parmi les premiers canonistes, certains [214], à l'encontre de Huguccio considèrent le mariage présumé comme suit: le mariage présumé a pris son origine non dans l'échange explicite d'un consentement de praesenti, mais dans l'échange d'un consentement que le droit présume présent et efficace en se basant sur des signes et des indices. Dès lors il n'y a plus de doute que la présomption de mariage trouve une large application dans les décrétales de Grégoire IX et dans le livre VI°.

En effet, selon cette conception nous rencontrons le mariage présumé dans les décrétales d'Alexandre III [215] et d'Innocent III [216] qui nous proposent à côté de l'échange du consentement de praesenti comme cause du lien conjugal, une deuxième possibilité de faire naître ce lien: la desponsatio de futuro suivie de l'acte conjugal. Dans plusieurs autres décrétales encore nous retrouvons le mariage présumé, quoique d'une manière moins explicite que dans les décrétales mentionnées. Nous retrouvons des traces de mariage présumé dans la décrétale c. 8, X. 4, 2. Alexandre III ne nous dit rien d'autre que ceci: les sponsalia d'un mineur d'âge suivies de l'acte conjugal constituent un mariage. Notons qu'Alexandre III ne fait pas de distinction entre desponsalia de futuro et desponsalia de praesenti. Il nous énonce simplement sa doctrine: le lien conjugal peut aussi prendre son origine dans des sponsalia qui, bien que inefficaces au moment de l'échange, deviennent efficaces quand elles sont actualisées pas l'union sexuelle.

Innocent III fera noter [217] que les sponsalia de praesenti entre des mineurs (un des deux au moins est mineur d'âge) seront interprétées comme de futuro, même si elles sont accompagnées de subarratio. Boniface VIII complètera cette théorie dans la décrétale c. un., 4, 2, par. 2 in VI° où il attribue une force de contrat de mariage à cette desponsatio de futuro interpretativa non seulement si elle est suivie de l'acte conjugal, mais également si, atteint l'âge majeur, elle est suivie de la

---

[214] BERNARD DE PARME: *Corpus Iuris Canonici, Decretales,* ad c. 30, X. 4, 1, ad verbum 'contra praesumptionem'. HOSTIENSIS: *Summa aurea,* Lib. IV, *De matrimoniis*: « Sin autem alio interrogante, et post talia verba copula carnalis secuta fuerit, adhuc stabit ecclesia pro matrimonio, nam carnis copula verba de futuro trahit ad praesens tempus praesumptive ».
[215] ALEXANRE III: *Comp.* Iª, c. 6 (8), 4, 4; c. 15, X. 4, 1; c. 3 X. 4, 5.
[216] INNOCENT III: c. 26, X. 4, 1; c. 6, X. 4, 5; c. 14, X. 2, 13.
[217] C. 14, X. 4, 2.

cohabitation ou d'un autre signe qui est une preuve de la continuation de la même volonté. D'ailleurs Clément III attribuait déjà à la cohabitation une force de contracter un mariage, cf. décrétale c. 21, X. 4, 1.

Dans le cas mentionné, le consentement, bien qu'échangé explicitement, est inefficace à cause de la peur, c. à. d., à cause du manque de la liberté nécessaire pour qu'il y ait un consentement conjugal. Quand la jeune fille accepte librement de cohabiter, cette lacune, cet obstacle à la réalisation du lien matrimonial, disparaît. C'est pourquoi le droit présume que le consentement de mariage est exprimé dans la cohabitation librement acceptée après un consentement imposé.

A l'objection qu'il y aurait une différence fondamentale entre la présomption de mariage et la convalidation du mariage, dont parle explicitement la décrétale, nous répondons que si différence il y a, il ne s'agit pas d'une différence fondamentale, car la décrétale ne se limite pas nécessairement au cas ou un seul parti a consenti sous menace; elle peut aussi s'appliquer dans le cas où les deux conjoints ont été forcés au mariage. Dans ce dernier cas, bien que il n'y ait pas échange de consentement, le droit, se basant sur la manifestation extérieure d'un consentement, suivi de la cohabitation libre, présume que le consentement a été vraiment échangé, c'est à dire que nous avons alors vraiment un mariage présumé.

Nous trouvons une confirmation de notre interprétation dans la décrétale c. 4, X. 4, 18 de Clément III.

> « Insuper adiecisti, quod aliquis, cum quadam *innubili* puella contraxit, quae, *tandem aetatis metas attingens,* et ab illo pluries cognita, post quatuor aut quinque annos, a praefata aetate decursos, contra matrimonium proclamavit, asserens, se semper *ab initio dissensisse* ab illo, et quod dicit per testes probat fama et conversatione praeclaros. In hoc itaque casu sentimus, quod adversus matrimonium audiri non debet, quae, ante cognitionem sui legitimum annum attingens, quum potuit, minime reclamavit. Sicut enim ante legitimum consensum, qui in duodecimo anno spectatur, secundum ius canonicum potuit dissentire: sic, postquam legitimo tempore accedente semel etiam copulae carnali consensit, ex rati habitione sibi super hoc silentium non ambigitur indixisse ».

Cette décrétale, en effet traite du mariage rendu invalide et par l'empêchement d'âge et par celui de la contrainte. Rien d'étonnant d'ailleurs puisque la cause de l'invalidité d'un mariage contracté sous la peur est la même que celle qui invalide un mariage contracté par des impubères, notamment le manque de liberté nécessaire pour un tel engagement. Si donc, dans ce dernier cas (comme il nous est suggéré de manière négative par Alexandre III dans sa décrétale c. 8, X. 4, 2, et explicitement énoncé par Boniface VIII dans c. un., 4, 2, par. 2, in VI°) l'acte conjugal donne naissance au mariage présumé, nous sommes aussi autorisés à parler de mariage présumé dans le cas où l'acte conjugal fait suite à un échange de consentement forcé. Caractéristique sur ce point est le texte de Hostiensis:

> « Contractorum autem aliud verum, aliud praesumptum, verum est quando inter personals legitimas ad matrimonium contrahendum, intervenit consensus legitimus de praesenti ... Praesumptorum aliud contrahitur per carnis copulam, verbis conditionalibus vel indirectis, vel *coactis* praecedentibus » [218].

Non seulement les mariages invalides à cause de l'absence de la liberté nécessaire étaient présumées valides après l'acte conjugal, mais également le contrat simulé pour abuser du conjoint, suivi de l'acte conjugal, est présumé mariage valide, comme nous le dit Innocent III dans sa décrétale c. 26, X. 4, 1.

Si nous regroupons les différentes formes de mariage présumé que nous trouvons dans les décrétales, nous obtenons la liste suivante:

1. Sponsalia suivies de l'acte conjugal: p. e. c. 15, X. 4, 1; c. 30, X. 4, 1; c. 14, X. 2, 13.
2. Desponsatio conditionalis suivie de l'acte sexuel: c. 3, X. 4, 5; c. 6, X. 4, 5; c. 7, X. 4, 5.
3. Sponsalia de futuro contractées par des mineurs d'âge, suivies de l'acte charnel: c. 8, X. 4, 2; c. 14, X. 4, 2; ou bien, si ces sponsalia sont de *futuro interpretativa,* il y a mariage présumé du moment qu'elles sont suivies de la cohabitation

---

[218] HOSTIENSIS: *Summa aurea*, lib. 4 par. qualiter dissolvatur, n. 28, fol. 292. Comparez: ANTONIUS A BUTRIO: *In quartum decretalium librum commentarii,* t. 6, ad c. 4, X, 4, 18, n. 2; ad c. 21, X. 4, 1, n. 6. HOSTIENSIS: *In quartum decretalium librum commentaria,* c. 4, X. 4, 18, n. 5. Il déclare la parole « ratihabitione » praesumpta ex duobus scilicet ex lapsus temporis et carnis copula. MENOCHIUS, J.: *De praesumptionibus,* 1. 3, pars 1, 287, n. 21. GALTIER, F.: *Le mariage,* Beyrouth 1950, 203: « L'Eglise occcidentale a connu le mariage présumé: quand les fiancés avaient après un contrat de futuro (contrat de fiançailles), et quand les futurs après un mariage contracté sous condition, ou avec un empêchement, maintenant disparu, avaient cohabité et consommé le mariage, celui-ci était considéré comme validement contracté par l'échange tacite des consentements requis ».

ou d'un autre signe qui exprime la continuation dans la même volonté: c. un., 4, 2, par. 2, in VI°.
4. L'échange de consentement invalide à cause d'un défaut de libre consentement, mais suivi de l'acte conjugal, de la cohabitation ou d'un autre signe, qui exprime la continuation dans la même volonté, p. e.
c. 4, X. 4, 18; c. 21, X. 4, 1; c. 26, X. 4, 1.

Chapitre II

EVOLUTION DE LA DOCTRINE DU MARIAGE PRESUME

A. Conceptions différentes du mariage présumé

Après avoir suivi pas à pas la naissance du mariage présumé dans le droit ecclésiastique, nous allons nous concentrer sur l'élaboration de cette institution chez les décrétalistes et les canonistes.

Notons pourtant, si nous avons suivi dans le premier chapitre l'évolution historique, une exposition claire de l'évolution du mariage présumé exige une exposition logique de l'institut.

Après les décrétales de Grégoire IX: c. 30, X. 4, 1; c. 32, X. 4, 1, la législation ecclésiastique ne changera plus. La décrétale de Boniface VIII: c. un., 4, 2, par. 2 in VI° ne nous donne qu'une confirmation explicite, une prolongation de la doctrine déjà énoncée par Alexandre III dans la décrétale c. 8, X. 4, 2.

La doctrine, par contre, ne tardera pas à manifester une divergence dans la conception du mariage présumé.

1. *Conception originelle*

Un bon nombre de décrétalistes et de premiers canonistes acceptent avec Alexandre III que le mariage peut se réaliser par le consentement de futuro qui, tout en étant promesse de mariage, a une force contractante lorsqu'il est suivi de l'acte conjugal. Ils attribuent aux fiançailles une force plus grande que de nos jours. Cette promesse de mariage était *un* consentement matrimonial; était *le* consentement matrimonial, qui avait besoin d'une confirmation ultérieure, soit qu'il était repris et confirmé par le consentement de praesenti, soit qu'il était simplement confirmé, et rendu efficace au présent par l'acte conjugal. Notons pourtant que ces auteurs ne considèrent pas le consentement de futuro, la promesse de mariage, comme un consentement suspendu de mariage, qui réaliserait le mariage ex tunc, au moment de la confirmation [1]. Cette conception

---

[1] Friedberg E., *Verlobung und Trauung*, 53: « Auch ist es wieder

du mariage présumé lui donne une justification solide. Le mariage présumé, en effet, est une autre manière de contracter mariage à côté de l'échange du consentement de praesenti. Ainsi il est évident que le mariage présumé oblige au for interne comme au for externe et que l'opposition entre le for interne et le for externe, pierre d'achoppement dans la théorie du mariage présumé selon Huguccio, ne se présente pas dans cette conception.

De plus, un tel mariage ne peut pas admettre des preuves directes du contraire, non parce qu'il est un mariage présumé juris et de jure, mais parce qu'il est un mariage vrai, certes non contracté par l'échange explicite du consentement de praesenti, mais par l'échange du consentement de futuro confirmé et actualisé par l'acte conjugal, ce qui est une autre « forma » de contracter mariage.

2. *Conception évoluée*

Un nombre toujours croissant d'auteurs et bientôt tous les canonistes défendent la théorie du mariage présumé élaborée par Huguccio. Celui-ci n'accepte que l'échange du consentement de praesenti comme cause du lien conjugal et il explique la seconde possibilité de formation de ce lien conjugal en présumant que dans l'acte conjugal les époux promis réalisent leur promesse et changent leur consentement de futuro en consentement de praesenti, qui donne naissace au lien conjugal : « Nam in ipso coitu qui fit cum sponsa de futuro, praesumitur consensus de praesenti intervenire » [2].

Ces canonistes considèrent les sponsalia de futuro comme une promesse de mariage, sans aucune signification pour la formation du lien conjugal. C'est le consentement de praesenti, présumé échangé dans l'acte conjugal des futurs époux qui fera naître le lien conjugal. Tandis que selon la première conception, le lien conjugal trouve sa cause dans la volonté énoncée au moment de la desponsatio de futuro, le mariage

---

nicht richtig, dass bei Abschliessung der Sponsalia de futuro und nachfolgender Copula, die Ehe als schon damals durch Abschluss der Sponsalia de futuro geschlossen gilt. Die Ehe beginnt vielmehr erst mit dem Augenblick der volzogenen Copula und diese hat keine rückwirkende Kraft. Die Ehewirkung der Sponsalia de futuro ist aber nicht in pendenti weil sie nie eine Ehewirkund haben. Eine solche haben nur Sponsalia de praesenti, d. h. der kundgegebene Wille gegenwärtiger Eheschliessung, sei es, dass er wörtlich u. s w. geäussert wird, sei es dass er ein präsumirter ist.

[2] ROMAN J.: *Summa de Huguccio*, 800-801.

prend son origine selon cette deuxième théorie, dans la volonté, présumée énoncée dans l'acte conjugal. Nous remarquons que cette dernière conception correspond beaucoup plus à une présomption, puisque non seulement l'aspect conjectural, mais aussi l'aspect conditionnel y est mieux conservé que dans la première conception.

La justification du mariage présumé est évidemment plus faible dans cette conception. Selon la première théorie la substance (consentement) et la forme (les paroles) se trouvent dans les verba de futuro [3]; selon la deuxième interprétation la substance et la forme sont mises dans l'acte conjugal [4]. Ainsi nous ne voyons pas seulement se réaliser le décalage entre le for externe et le for interne, mais il est aussi évident comment on est arrivé à considérer les mariages présumés comme des mariages clandestins, confusion presque impensable dans la première conception.

Notons déjà la position extrême de Hostiensis. Il ne considère plus mariage présumé comme synonyme de mariage vrai (première conception), et pendant qu'Huguccio admet que le mariage présumé a une très grande chance d'être un mariage vrai, Hostiensis accentue beaucoup plus la possibilité qu'un mariage présumé ne soit pas un mariage vrai.

> « appellatur verum illud in quo verus consensus et expressus intercedit hinc inde; praesumptum illud, in quo et si in veritate non consentiant contrahentes, ecclesia tamen eos interpretatur consensisse ex aliquibus probabilibus coniecturis et ipsos distringit simul morari, ac si consensissent, *in quo ecclesia plerumque fallit et fallitur* » [5].

Formulée de cette manière la réaction ne tardera pas à se manifester. Déjà Ant. de Butrio nous dit:

> « Namsi iudicabitur matrimonium in foro contentioso, possibile est, quod licet intercedat copula non consentiret in ma-

---

[3] **Bernardus de Botono Parmensis**: *Corpus juris canonici, decretales,* Glossa in c. 30, X. 4, 1: « Consensus et forma sunt hic licet per verba de futuro, quae per carnalem copulam subsequentem fiunt de praesenti praesumptive. Sed per carnalem copulam subsequentem, praesumitur consensus, per verba praecedentia designatur forma, licet illa ab initio fuerint de futuro '.

[4] **Dauvillier J.**: *Le mariage,* 65-66.

[5] **Hostiensis**: *In quartum decretalium librum commentaria,* Ad. c. 32, X, 4, 1, n. 1; Comparez **Jean de Andrea**: *In quartum decretalium librum commentaria accutissima,* ad. c. 32, X. 4, 1, n. 6; **Petrus de Ancarano**: *Super quarto decretalium facundissima commentaria,* ad c. 32, X. 4, 1, n. 7.

trimonium. Nam licet quoad metus fori contentiosi possit fingere consensum, non tamen potest facere vere et naturaliter obligetur. *Unde videtur haec institutio periculosa propter hoc Hostiensis vult redarguere Papam quod melius fecisset statuere, quod talis cognoscens non posset contrahere cum alia etsi contraheret non esset matrimonium; quam statuere, quod statim inter istos esset matrimonium* [6].

B. Justification de la présomption du mariage

Malgré cette différence de conception du mariage présumé, tous les auteurs sont d'accord pour admettre l'existence du mariage présumé. Certes, déjà très tôt, il sera caractérisé comme « pericolosa », mais il connaîtra cependant une grande élaboration. Avant tout, les auteurs se sont préoccupés de trouver une justification pour ce genre de formation du lien conjugal. Pourquoi présumer que l'union charnelle accomplie après des promesses de mariage, donne naissance au lien conjugal?

Comme nous l'avons déjà vu plus haut, il n'y a pas de difficulté pour les décrétalistes qui acceptent la doctrine d'Alexandre III. Le lien conjugal peut prendre origine par l'échange explicite du consentement de praesenti, et aussi par la promesse du mariage suivie de l'acte conjugal. Pour eux le mariage présumé n'est qu'une autre forme de contracter le mariage.

Les canonistes qui ont suivi la doctrine de Huguccio se trouvent confrontés à une difficulté sérieuse. Pour eux le lien conjugal ne peut prendre son origine que par l'échange du consentement de praesenti, tandis que les fiançailles ne sont qu'une simple promesse de mariage sans aucune valeur dans le contrat de mariage. Alors surgit la question: « pourquoi et comment se fait-il que l'Eglise a présumé la réalisation du lien conjugal quand la promesse de mariage a été confirmée par l'union charnelle des deux fiancés? »

L'échange du consentement de praesenti étant l'unique cause du lien matrimonial, il est évident que l'Eglise peut présumer la naissance de lieu conjugal uniquement, quand elle présume que le consentement de praesenti a été échangé.

---

[6] Ant. de Butrio: *In librum quartum decretalium commentarii*, t. 6, ad c. 30, X. 4, 1, n. 8; Comparez Jean de Andrea: *In quartum decretalium librum commentaria accutissima*, ad c. 30, X. 4, 1, n. 4.

A ce point, Huguccio dit « non dico quod sit ibi matrimonium sine consensu sed praesumitur quod consensus intervenerit et matrimonium; nisi probetur in contrarium »[7].

« Sed nonne saepe consensus maritalis in ipsa commixtione intervenit inter aliquos, qui primo non consenserant in conjugium? Utique in uso coïtu maritali affectu possunt consentire, sed nec tunc matrimonium facit coïtus sed consensus interveniens »[8].

Immédiatement se pose la question: « comment peut-on justifier la présomption qu'ils ont effectué l'acte conjugal « affectu maritali » au lieu de « affectu fornicario »,

Nous pensons trouver la clef dans la décrétale c. 7, X. 4, 7. Quelqu'un avait, après un mariage légitime, contracté un deuxième mariage invalide de par l'empêchement de lien. Quand ensuite il se rend compte que ces relations sont peccamineuses, il quitte la deuxième épouse. Mais quand il apprend que son épouse légitime est morte, il retourne à la femme avec laquelle il avait conclu le deuxième mariage alors invalide, et la connaît charnellement. Maintenant ce mariage est présumé valide puisque « cum eam relinquisset ut peccatum evitaret, non est verisimile quod ad eam rediret ut ipsam cognoscendo peccaret »[9]. C'est-à-dire: il est évident qu'il ne peut éviter le péché s'ils n'ont pas échangé dans l'acte conjugal le consentement de praesenti; il est donc très probable qu'ils ont renouvelé le consentement de praesenti, qui donnera naissance au lien matrimonial.

Cette raison plutôt théologique a été généralisée et appliquée à tous les autres types de mariage présumé, bien qu'elle ne fut pas toujours aussi vraisemblable que dans la décrétale c. 7, X. 4, 7. A cette raison s'en ajoutent d'autres: si deux fiancés se connaissent charnellement il est vraisemblable qu'ils ont voulu se donner ce qu'ils se sont promis dans les fiançailles: c'est à dire ils ont changé leur promesse de mariage en mariage, en échangeant dans l'acte conjugal le consensus du mariage[10].

---

[7] ROMAN J.: *Summa de Huguccio*, 763.
[8] ROMAN J.: *o. c.*, 755, et comparez 800-801.
[9] HOSTIENSIS: *In quartum decretalium librum commentaria*, ad c. 7, X, 4, 7, n. 1; JEAN DE ANDREA: *o.c.*, ad 6. 7, X. 4, 7, n. 7; ANT. DE BUTRIO: *o. c.*, ad c. 7, X, 4, 7, n. 3.
[10] COVARRUVIAS D.: *In quartum decretalium librum epitome*, pars 1, cap. IV, par. 1, n. 1: « Non ex eo quod canones velint sine novo consensu conjugali ex sola copula matrimonium inter sponsos decernere, sed quia ecclesia praesumit ex illa carnali conjunctione consensum con-

De même, si deux personnes ont contracté un mariage sous condition, il est vraisemblable qu'ils renoncent à cette condition au moment où ils effectuent l'acte conjugal, de sorte que le consentement qui restait en suspens, obtienne son effet.

Pareillement si l'échange du consentement est invalide en raison d'un empêchement, il est vraisemblable si deux personnes effectuent l'acte conjugal après la cessation de l'empêchement, qu'ils confirment et au besoin renouvellent le consentement.

C. Différents genres du mariage présumé

Une fois que le principe du mariage présumé était accepté c'est-à-dire une fois qu'on a accepté que l'acte conjugal suivant des fiançailles fait présumer l'échange du consentement de praesenti, et par conséquent la formation du lien matrimonial, des auteurs se sont demandé si ce principe ne se vérifie pas dans d'autres cas. Nous distinguerons quatre genres de mariages présumés [11] :

1) le consentement de praesenti n'a pas été échangé explicitement, mais en se basant sur un signe ou sur une action, on présume qu'il a été échangé, p. e. c. 15, X. 4, 1; c. 30, X. 4, 1.

---

jugalem : quam praesumptionem merito canones statuerunt ex praemissa consensus conjugalis promissione et simul ne dicamus copulam illam carnalem esse mortale peccatum quod dubio procul dicendum esset, nisi inter sponsum et sponsam animarum affectio conjugalis praesenti consensu daretur, nec praesumendum est delictum; Comparez Menochius J.: *De praesumptionibus*, 1, 3, praes. 1, fol. 286 : « Hanc autem praesumptionem lex introduxit, quia existimavit ex illa carnali conjunctione novum supervenisse consensum, atque ita voluisse perducere ad effectum promissionem illam in sponsalibus factam, alioquin ex sola copula carnali fornicatio, atque mortale peccatum censaretur »; Mascardi J.: *Conclusiones*, concl. 1027, fol. 361; Schmalzgrueber F.: *Jus ecclesiasticum universum*, t. 4, pars 1, 53; Pirhing E.: *Jus canonicum*, t. 4, tit. 1, par. 5, sect. 1, 7.

[11] Krimer F.: *Quaestiones canonicarum*, n. 474, 123. Comparez Lupi J.: *Tractatus vere catholicus*, tit. 1°, n. 52, fol. 46; Par contre Schmalzgrueber F.: *Jus ecclesiasticum universum*, 105; Rosset M.: *De sacramento matrimonii*, t. 1, n. 16, 14; De Luca M.: *Summa praelectionum*, 73; Wernz F.: *Jus decretalium*, t. 4, 26; Vlaming Th. M.: *Praelectiones iuris matrimonii*, 73; De Smet A.: *De sponsalibus et matrimonio*, n. 158, 135; Gasparri P.: *Tractatus canonicus*, n. 237, 137.

2) le consentement de praesenti a été échangé explicitement mais était inefficace à cause d'un manque de volonté; en se basant sur un signe ou une action survenue, on présume que la volonté est purifié et que l'échange du consentement est devenu efficace. p. e. c. 21, X, 4, 1; 4, X. 4, 18.
3) le consentement de praesenti a été échangé explicitement, mais sans effet à cause d'un empêchement; après la cessation de l'empêchement, se basant sur un signe ou une action, on présume une confirmation et au besoin un renouvellement de l'échange du consentement.
p. e. c. 8, X. 4, 2; c. un. 4, 2, par. 2 in VI°; c. 7, X. 4, 7;
4) le consentement a été échangé explicitement mais sous condition; ensuite se basant sur un signe ou une action survenue, on présume que la condition a été retirée.
p. e. c. 3, X. 4, 5; c. 6, X. 4,5.

1) *Le consentement de praesenti n'a pas été échangé explicitement, mais se basant sur un signe on une action, on présume qu'il a été échangé.*

a. *Le cas typique: des fiançailles suivies de l'acte conjugal.*

Cette forme du mariage présumé trouve ses origines dans la doctrine de Roland Bandinelli, qui a gouverné l'Eglise sous le nom d'Alexandre III.

Il ne voyait pas les sponsalia de futuro comme une simple promesse de mariage, mais leur attribuait une valeur dans la formation du lien matrimonial si elles étaient actualisées dans le présent. Cette actualisation peut se vérifier ou bien par l'échange du consentement de praesenti ou bien par la confirmation par l'acte conjugal; dans ce dernier cas on parle de mariage présumé.

Pour Alexandre III cette dernière formation du lien équivaut à l'autre. Mais quand Huguccio n'accepte que le consentement comme cause du mariage, il trouve une explication pour cette deuxième manière de formation de lien conjugal en présumant que dans l'acte charnel, les futurs époux ont échangé le consentement de praesenti qui crée le lien matrimonial.

Gregoire IX précisera dans sa décrétale c. 32, X. 4, 1 qu'il doit s'agir vraiment d'union charnelle, une simple tentative à l'union charnelle ne suffira pas [12].

---

[12] JEAN DE ANDREA: *In quartum decretalium librum commentaria*

On pourrait faire la remarque que si on présume que les futurs époux ont échangé le consentement de praesenti au moment de l'acte conjugal pour éviter qu'il ne commettent un péché mortel, on pourrait en faire autant quand il s'agit de ' nixus ', qui est aussi un péché.

Il est évident qu'il y a quelque chose d'illogique: en effet, si l'acte conjugal parfait fait présumer l'échange du consentement puisque ainsi on évite le péché, nous ne voyons pas pourquoi la tentative de l'acte charnel ne permette pas la même présomption [13]. Nixus indique une imperfection dans l'acte conjugal. Cette imperfection peut être due à une incapacité physique ou à une opposition d'une des parties. Or si Nixus est employé pour indiquer un acte conjugal imparfait à cause d'une opposition, il est clair qu'il ne s'agit pas de péché mortel et qu'on ne peut pas se baser sur l'argument qui veut que la présomption soit faite pour éviter le péché mortel. Par contre, si Nixus implique une incapacité physique, l'acte conjugal imparfait est malgré tout un péché mortel, l'argument ne vaut plus et la présomption serait logique.

En tout cas l'explication de Abbas Panormitanus [14] et de Ant. De Butrio (ubi ad perfectionem contractus lex exigit certum factum, non sufficit nixus ad factum, maxime quando actus et contractus ex facto exorbitans est, et fictus: quia fictio non extenditur [15]), ne tient pas et sert uniquement de justification à la décrétale c. 32, X. 4, 1. Evidemment, nous n'avons parlé jusqu'ici que des sponsalia re et verbis de futuro. Si les sponsalia sont ' juris interprétatione de futuro ' mais ' verbis de praesenti ', point n'est requis l'acte conjugal, mais n'importe quel signe suffit pourvu qu'il indique que les deux parties persévèrent dans la même intention [16] et à condition que ce signe se vérifie après qu'ils aient l'âge de douze ans.

---

accutissima, ad c. 11, X. 4, 2, n. 3; ABBAS ANTIQUUS: *Lectura aurea domini Abbatis antiqui super quinque libros decretalium,* ad c. 32, X, 4, 1, n. 1. AN T. DE BUTRIO: *In librum quartum decretalium commentarii,* t. 6, ad c. 32, X. 4, 1, n. 1-2: Nixus copulae non facit sponsalia de futuro transire in matrimonium ... Ex hoc nota, quod ubi ad perfectionem contractus lex exigit certum factum, non sufficit nixus ad factum, maxime quando actus et contractus ex facto orbitans est fictus ».

[13] SCHMALZGRUEBER F.: *Jus ecclesiasticum universum,* t. 4, pars 1, 54.

[14] Ad c. 32, X. 4, 1, n. 3.

[15] Ad c. 32, X. 4, 1, n. 2.

[16] COVARRUVIAS D.: *In quartum decretalium librum epitome,* pars 1, cap. IV, par. 1, n. 20, fol. 15; COVARRUVIAS D.: *Opera omnia,* pars 1,

Notons que l'acte conjugal ou, en cas de sponsalia juris interpretatione de futuro verbis autem de praesenti tout autre signe qui prouve la persévérance dans la même intention, doit survenir *après* les sponsalia de futuro [17]. Jean de Andrea indique cet ordre comme appartenant à la substance, ' Sponsalia de futuro et copula *secuta* faciunt matrimonium sed si mutetur ordo, secus ' [18]; les auteurs attirent encore notre attention sur la nécessité absolue que les fiancés n'aient pas révoqué leur consentement de futuro; Ant. de Butrio dit explicitement ad c. 15, X. 4, 1, n. :

> « Quia tunc cum non subessent sponsalia non esset quod confirmaretur per copulam et tunc sponsalia non transirent in matrimonium » [19].

Abbas Panormitanus considère l'interruption des fiançailles comme l'unique moyen pour éviter que le relations sexuelles entre les fiancés fassent présumer le lien conjugal; il dit:

> « Unde non est nisi unum remedium, scilicet quod prius renunciet sponsalibus, nam tunc copula superveniens non potest inducere matrimonium cum non reperiatur ibi sponsalibus » [20].

---

cap. 4, 140; Comparez MASCARDI J.: *Conclusiones,* concl. 1029, n. 1-3 fol. 362-363.

[17] ALEXANDRE III, c. 15, X. 4, 1; GREGOIRE IX, Comp. III^a, c. 2, 4, 1; ABBAS ANTIQUUS, *In librum decretalium aurei commentarii,* ad c. 15, X. 4, 1 n. 1: « Copula carnalis quae sequitur sponsalia non quae praecedit matrimonium verum facit »; JEAN DE ANDREA: *In quartum decretalium librum commentaria accutissima,* ad c. 15, X. 4, 1, n. 5; ABBAS PANORMITANUS: *Commentarium in quartum et quintum decretalium librum,* t. 7, ad c. 15, X. 4, 1, n. 2: « Nota primo, quod sponsalia de futuro non transeunt in matrimonium per praecedentem copulam sed per sequentem; MENOCHIUS J.: De praesumptionibus, 1. 3, praes. 1, n. 42, 289.

[18] Cf. note précédente; comparez PETRUS D'ANCARANO: *Super quarto decretalium facundissima commentaria,* ad c. 15, X. 4, 1, n. 3.

[19] Comparez JEAN DE ANDREA: *In quartum decretalium librum commentaria accutissima,* ad c. 15, X. 4, 1, n. 4; PETRUS D'ANCARANO: o. c., ad c. 30, X. 4, 1, n. 6; COVARRUVIAS D.: *Opero omnia,* pars 1, cap. 4, n. 13, 153.

[20] ABBAS PANORMITANUS: *Commentarium in quartum et quintum decretalium librum,* ad c. 6, X. 4, 5, n. 6.

b) *Les fiançailles suivies de la cohabitation.*

Puisque la cohabitation d'un homme et d'une femme fait présumer qu'ils ont eu des relations sexuelles, on peut se demander: cette cohabitation suffira-t-elle comme base pour le mariage présumé?

Tous les auteurs [21] sont d'accord pour admettre que dans le droit de l'Eglise le *simple* fait de la cohabitation après des sponsalia ne suffit pas comme base valable pour présumer un mariage.

Il se justifient en faisant appel à la Regula juris 28 in VI° [22].

« Quae a jure commune exorbitant, nequaquam ad consequentiam sunt trahenda ». ...

Si cette cohabitation est soulignée et renforcée par un comportement conjugal des deux et par l'estimation des voisins, Abbas Antiquus et Jean de Andrea nous disent dans leur commentaire du c. 11, X. 2, 33, qu'elle peut servir comme base valable de la présomption du lien matrimonial.

« Fama cum his duobus, quando in eodem paropside vel incisorio secum comedit, sicut uxorem induit, ad ecclesiam mittit, lecto suo recipit, matrimonium praesumptum inducunt ... » [23].

Pour la légitimation des enfants on n'était pas aussi exigent. En effet, si les enfants sont nés d'une relation qui dure

---

[21] Hostiensis: *In quartum decretalium librum commentaria,* ad c. 21, X. 4, 1, n. 2, ad verbum cohabitans: 'Subaudi et ob eo cognita alias per solam cohabitationem non judicaretur matrimonium'; Hostiensis: *Summa aurea,* lib. 2, fol. 153; Ant. de Butrio: *In librum quartum decretalium commentarii,* Ad c. 28, X. 4, 1, n. 7; Abbas Panormitanus: *o. c.,* ad c. 28, X. 4, 1, n. 5; Menochius J.: *De praesumptionibus,* 1. 3, praes. 1, n. 68, 291-292; Innocent IV: *In quinque libros decretalium commentaria,* ad c. 21, X. 4, 1, ad verbum 'cohabitans', 555; Gozadini L.: *Concilia seu responsa,* conc. 2, n. 3, fol. 5.

[22] Perufini: *In decretalium, n. 4, fol. 181*: 'quod ista materia exorbitat a iure communi unde non debet extendi ultra casum expressum'.

[23] Abbas antiquus: *In libros decretalium aurei commentarii,* ad c. 11, X. 2, 23, n. 5; Jean de Andrea: *In quartum decretalium librum commentaria accutissima,* ad c. 11, X. 2, 23, n. 9; Covarruvias D.: *In quartum decretalium librum epitome,* pars 1, cap. 1, n. 5, fol. 24; *Opera omnia,* pars 1, cap. 4, n. 5, 146.

déjà depuis 10 ans, on les considère comme légitimes [24]. Même les deux personnes sont considérées comme mariées, si elles continuent leur vie ensemble *jusqu'à la mort* [25]. On se basait sur la présomption que personne ne veut mourir en état de péché :

> « Rectius itaque probari ea ratione potest, quod praesumendum non est, quod illi morientes mori voluerint in peccato mortali et quod propterea contraxerint matrimonium » [26].

Notons que nous ne voulons pas dire que la cohabitation ne peut jamais servir de base suffisante pour conjecturer un mariage mais seulement que cette cohabitation ne suffit pas comme base conjecturale si elle suit des *sponsalia* 're et verbis de futuro'. De plus nous ne voulons pas nous arrêter à la possibilité selon laquelle cette cohabitation peut être invoquée pour savoir si les sponsalia qui ont précédé étaient de praesenti [27] ou de futuro.

c. *Les fiançailles suivies de la traduction in domum.*

Si nous avons refusé de considérer la cohabitation comme telle comme une base suffisante pour le mariage présumé du moins dans le droit ecclésiastique, nous affirmons d'autant plus fort que la traductio in domum ou le baiser n'a jamais été considéré comme base suffisante pour conjecturer le lien conjugal [28].

---

[24] MENOCHIUS J.: *De praesumptionibus,* lib. 3, praes. 1, n. 69-70, 292; GUTIERREZ J.: *Canonicarum quaestionum,* lib. 3, Tractatus de matrimonio, pars 2, principalis, c. 40, col. 2, n. 8, 93; COVARRUVIAS D.: *Opera omnia,* pars 1, cap. 4, n. 5, 146; *In quartum decretalium librum, epitome,* pars 1, cap. 1, n. 5, fol. 24.

[25] ABBAS PANORMITANUS: *Commentarium in quartum et quintum decretalium librum,* ad c. 28, X. 4, 1, n. 5: « Dicit Hostiensis quod non praesumitur matrimonium etiam probata cohabitatione sed potius stuprum, ut in c. aliter, nisi longo tempore puta 40 annos tenuisset eam in lecto et mensa ut uxorem »; JEAN DE ANDREA: *In quartum decretalium librum commentaria accutissima,* ad c. 28, X, 4, 1, n. 3; « Si enim longum tempus lapsum esset, 40 annos a tempore contractus, sufficerent praesumptiones probabiles, scilicet quod semper tenuit ipsam in uxorem et ad mensam et ad lectum ».

[26] MENOCHIUS J.: *De praesumptionibus,* lib. 3, praes. 1, n. 76, 292; Comparez GUTIERREZ J.: *Canonicarum quaestionum,* lib. 3, Tractatus de matrimonio, pars 2 principalis, c. 40, col. 1, 94.

[27] COVARRUVIAS D.: *Opera omnia,* pars 1, cap. 4, n. 1, 141.

[28] ABBAS PANORMITANUS: *Commentarium in quartum et quintum decretalium librum,* ad c. 32, X. 4, 1, n. 4; INNOCENT IV: *In quinque libros*

Abbas Panormitanus nous dit explicitement:

> « quod traducendo sponsam de futuro videtur voluisse et fecisse animo acquirendi possessionem matrimonialem; et sic poterit postmodum agere possessorio; quasi sponsalia transiverint per illum actum in matrimonium de praesenti, quod non placet mihi per c. is, qui fidem, de spons; et c. 1, de matri. contra interdictum ecclesiae. Ubi patet quod per nullum actum circa copulam *sponsalia* transeunt in matrimonium; sed oportet quod nixus habuerit effectum, multo ergo fortius per solam traductionem cum sit actus magis extrinsecus » [29].

Pourtant nous pouvons lire qu'en relation avec les lépreux, Hostiensis [30] et Jean de Andrea (ex traductio ergo firmatur matrimonium et inducitur praesumptus [31] considèrent la traductio in domum suivant les fiançailles comme une base suffisante pour présumer le mariage [32].

De plus, Jean de Andrea accepte la traductio suivant les fiançailles comme base conjecturale suffisante dans le cas où une femme est 'corrupta'

> « unde, sicut carnalis copula in virgine et corrupta cognita a viro hanc praesumptionem inducit, sic in ea quae est corrupta, sola traductio » [33].

Cette opinion, bien que concordant avec le droit civil n'a jamais pu évoluer, vu que les décrétales c. 30, X. 4, 1 et c. 32, X. 4, 1, ne laissent aucun doute sur la position de l'Eglise à cet égard. On a tout au plus essayé de conserver cette opinion en attribuant à la traductio la valeur de faire présumer le mariage dans le cas où l'on ne savait pas si les sponsalia précédentes étaient de praesenti ou de futuro; c'est-à-dire s'il y avait

---

decretalium commentaria, ad c. 1, X. 4, 16, n. 2, ad verbum 'amplexata': « et ab eo carnaliter congita; alias per solam cohabitationem non iudicarem matrimonium ».

[29] Abbas Panormitanus: *o. c.,* ad c. 14, X. 2, 13, n. 25 in fine et 26.

[30] Hostiensis: *Summa aurea,* lib. 4, fol. 304, col. 4: 'Secundo ergo si traducta erat, vel per verba de praesenti contraxerat, in perpetuum non separabitur; Hostiensis: *In quartum decretalium librum commentaria,* ad c. 32, X. 4, 1, n. 3.

[31] Jean de Andrea: *In quartum decretalium librum commentaria accutissima,* ad c. 3, X. 4, 8, n. 2.

[32] Hostiensis: *In quartum decretalium librum commentaria,* ad c. 3, X. 4, 8, n. 3; ad c. 32, X. 4, 1, n. 3.

[33] Jean de Andrea: *o. c.,* ad c. 32, X. 4, 1, n. 6.

en un cas de traductio in domum, on présumait que les sponsalia précédentes étaient de praesenti et par conséquent qu'il y avait mariage [34].

De plus cette traductio permet seulement une présomption juris tantum [35] de sorte qu'une preuve du contraire n'est pas exclue. Hostiensis, qui admet dans certains cas [36] la traductio comme base conjecturale du mariage présumé nous affirme explicitement que la présomption 'quae ex carnis copula sumitur non admittit probationem in contrarium' [37]; il admet donc que toutes les autres bases conjecturales du mariage admettent des preuves directes du contraire.

2) *Le consentement de praesenti a été échangé explicitement mais est vicié par manque de volonté; se basant sur un signe ou une action survenue, on présume que la volonté s'est purifiée et que l'échange du consentement est devenu efficace.*

Pendant qu'ils se sont efforcé de trouver d'autres signes ou d'autres actions qui, suivant les fiançailles, pouvaient faire présumer que le consentement de praesenti avait été échangé, les canonistes ont aussi essayé de trouver d'autres situations, plus ou moins identiques aux fiançailles, qui, suivies de l'un ou de l'autre signe ou action, pouvaient justifier la présomption de l'échange du consentement de praesenti.

a) *Le mariage forcé suivi de l'acte conjugal*

En droit ecclésiastique, le lien conjugal prend seulement son origine par l'échange libre du consentement de praesenti:

« Cum locum non habeat consensus, ubi metus vel coactio intercedit » [38].

---

[34] MASCARDI J.: *Conclusiones,* concl. 1028, n. 4, 362.

[35] MARIANI SOCINI: *Aurea ac pene divina,* n. 52, 126; Comparez COVARRUVIAS D.: *In quartum decretalium librum epitome,* pars 1, cap. 4, par. 2, n. 1, fol. 16.

[36] HOSTIENSIS: *In quartum decretalium librum commentaria;* Ad c. 21, X. 4, 1, n. 2, ad verbum 'cohabitans': « Subaudi et ab eo cognita, alias per solam cohabitationem non iudicaretur matrimonium »; Ad c. 32, X. 4, 1, n. 3: « Aliquando ex traductione unde sicut carnalis copula in virgine et in corrupta a viro cognita, hanc praesumptionem inducit sic et sola traductio in corrupta »; Cf. ad c. 3, X. 4, 8, n. 2; Comparez JEAN DE ANDREA: *In quartum decretalium librum commentaria,* ad c. 3, X. 4, 8, n. 2.

[37] Ad c. 15, X. 4, 1, n. 4.

[38] C. 14, X. 4, 1, ABBAS PANORMITANUS: *Commentarium in quartum et quintum decretalium,* t. 7, ad c. 6, X. 4, 1, n. 2: « Quia in matrimonio

Il est evident qu'il n'y a pas de mariage si, chez une des deux parties, ou chez les deux parties cette liberté de consentement manque à cause d'une menace.

Nous aurons alors une relation entre deux fiancés; elle peut quand méme servir, comme les fiançailles, à justifier la présomption que les relations sexuelles entre les deux conjoints se sont effectuées « animo maritali » et par consequent que le parti forcé a purifié ou renouvelé librement l'échange du consentement de praesenti.

> « Quia », nous dit F. Schmalzgrueber, « merito praesumitur quod is qui post matrimonium metu contractum admittit copulam, illam admittit, animo potius conjugali, quam fornicario, cum delicta non praesumantur » [39].

Si donc après un mariage contracté sous l'effet de la peur les « conjoints » se connaissent charnellement en toute liberté, on présume que le parti forcé a librement consenti au mariage, à condition toutefois qu'il était conscient de la nullité du mariage, auquel il a été forcé; sinon l'acte charnel est fondé sur l'erreur, obstacle principal a tout consentement libre [40].

Si par contre les conjoints d'un mariage forcé ont par après des relations sexuelles également forcées, les auteurs disputent de la validité de la présomption.

Une première opinion défend que même l'acte conjugal forcé fait présumer l'échange libre du consentement [41].

Accepter que l'acte conjugal forcé ne fait pas présumer le mariage, serait accepter qu'ils se sont connus animo fornicario, ce qui reste un péché mortel, même sous la menace la plus grande. Or on ne peut jamais présumer que quelqu'un a voulu

---

requiritur de substantia liber consensus ... unde consensus coactus est bene consensus sed non liber et sic deficit qualitas libertatis quae est de substantia consensus matrimonialis ».

[39] Schmalzgrueber F.: *Jus ecclesiasticum universum,* t. 4, pars 1, 193; De Luca M.: *Summa praelectionum,* t. 3, tit. 9, par. 2, n. 19, 2, 110; Pirhing E.: *Jus canonicum,* t. 4, lib. 4, tit. 1, sec. 4, par 2, fol. 29.

[40] Sanchez T.: *De sancto matrimonii,* lib. 2, disp. 34, n. 2, 121; Schmalzgrueber F.: *o. p.,* t. 4, pars 1, 195; Gutierrez J.: *Canonicarum quaestionum,* lib. 3, Tractatus de matrimonio, cap. 76, n. 22, 208-209; Navarrete U.: *De convalidatione,* 67.

[41] Barbosa A.: *Collectanea,* ad c. 28, X, 4, 1 n. 4; Ergo Matr. coactum ratificatur per copulam subsecutam metu gravi extortam ». Position qu'il rejette; Covarruvias D.: *In quartum decretalium librum, epitome,* pars 1, Cap. 4, par. 1, n. 11.

commettre un péché mortel⁴². Hostiensis faisait la distinction entre le cas où la femme est forcée à commettre l'acte conjugal et le cas où l'homme est forcé.

> « Immo certe probatio admittetur ... si non ex parte viri in foro contentioso, ut hic, saltem ex parte mulieris, si dicat se oppressam » ⁴³.

Et dans ce dernier cas, il n'y aurait pas moyen d'échapper à la présomption. J. Menochius donne pour raison qu'un homme ne peut être forcé à l'acte conjugal s'il n'y a pas une certaine concupiscentia; ce que l'on ne peut affirmer quand il s'agit d'une femme ⁴⁴.

L'opinion généralement acceptée nie que l'acte conjugal forcé, après un mariage forcé, fait présumer que le parti contraint a purifié sa volonté et a par conséquent conclu le mariage ⁴⁵ « Fictio non potest operari plus quam veritas ». Comme raisons ultérieures on ajoute: Le mariage contracté sous menace est invalide à cause du manque de liberté; l'union charnelle forcée subséquente n'est pas de nature à faire présumer qu'on a consenti librement, mais que la menace s'est doublée et que la liberté est davantage diminuée. D'ailleurs, admettre que l'acte conjugal forcé purifie le mariage vicié serait agir contre les dispositions du droit: si l'ordination juridique urge l'invalidité du mariage forcé pour protéger la liberté des personnes, elle agirait contre cette protection si elle acceptait qu'un mariage nul à cause de la peur soit convalidé par des relations également forcées. Car quoi de plus simple que de forcer quelqu'un à des relations sexuelles après qu'on l'a forcé au contentement de praesenti ⁴⁶.

---

⁴² COVARRUVIAS D.: *In quartum decretalium librum epitome*, pars 1, cap. 4, par. 1, n. 11, fol. 13.

⁴³ HOSTIENSIS: *In quartum decretalium librum commentaria*, ad c. 30, X. 4, 1, n. 2.

⁴⁴ MENOCHIUS J.: *De praesumptionibus*, lib. 3, praes. 4, n. 31, et ss.

⁴⁵ PRAEPOSITUS: *Lectura aurea super quartum decretalium*, ad c. 28, X. 4, 1, n. 2; ANT. DE BUTRIO: *In librum quartum decretalium commentarii*, ad c. 30, X. 4, 1, n. 7; JEAN DE ANDREA: *In quartum decretalium librum commentaria accutissima*, ad c. 6, X. 4, 2, n. 5; ad c. 7, X. 4, 2, n. 5; ad c. 4, X. 4, 18, n. 4; ABBAS PANORMITANUS: *Commentarium in quartum et quintum decretalium librum*, t. 7, ad c. 4, X. 4, 18, n. 5; PETRUS D'ANCARANO: *Super quarto decretalium facundissima commentaria*, ad c. 30, X. 4, 1, n. 6; HOSTIENSIS: *Super quartum decretalium librum commentaria*, ad c. 6, X. 4, 2, n. 3; PIRHING E.: *Jus canonicum*, lib. 4, tit. 1, sec. 4, par. 4, Asser. 2, pars 2, 35.

⁴⁶ SANCHEZ T.: *De sancto matrimonii*, lib. 4, disp. 18, 281-282; SCHMALZGRUEBER F.: *Jus ecclesiasticum universum*, t. 4, pars 1, 194.

Cette présomption est surtout fondée sur la décrétale « Insuper » de Clement III, c. 4, X. 4, 18.

Qu'il s'agisse dans ce cas d'une vraie présomption de mariage quoiqu'on parle très souvent de 'convalidatio', cela ne demande pas d'autres preuves. D'ailleurs ainsi l'ont compris les décrétalistes [47], ainsi ont continué à l'expliquer les canonistes, comme ils nous le montrent quand ils se réfèrent dans leurs explications à la décrétale c. 30, X. 4, 1 [48].

Il nous semble fort intésessant de retrouver à propos de ce type de mariage les deux tendances de la théorie du mariage présumé: la plus ancienne, qui attribue au consentement de futuro une certaine valeur, quant à la formation du lien conjugal; la plus récente selon laquelle la situation entre les conjoints fait présumer que les relations entre eux ont eu lieu 'animo maritali' et non 'animo fornicario'. Nous retrouvons la conception plus récente dans le cas où les deux parties sont forcées à un mariage déterminé. Dans ce cas l'échange explicite du consentement ne sert que de base de présomption mais n'a aucune influence dans l'origine du lien conjugal, étant donné qu'en réalité il n'y a pas eu d'échange de consentement.

La conception plus ancienne nous la retrouvons d'une certaine manière, dans le cas où l'un des deux est forcé au mariage. L'échange du consentement vicié conserve une certaine valeur dans la réalisation du lien conjugal pour autant que la volonté de la partie non forcée est considérée 'perdurans' et joue un rôle décisif dans l'origine du lien conjugal.

b) *Le mariage forcée suivi de cohabitation.*

Si tous les auteurs sont d'accord pour affirmer qu'après les fiançailles seulement l'acte conjugal peut servir de base suffisante pour conjecturer le mariage, ils ne sont plus tellement unanimes dans le cas où il s'agit d'un consentement vicié par manque de liberté à cause d'une menace [49].

Généralement, en effet, on accepte que la libre cohabita-

---

[47] HOSTIENSIS: *o. c.*, ad c. 4, X. 4, 18, n. 5: « Praesumitur consensisse ex quo circa carnis copulam nulla violentia allegatur »; ANT. DE BUTRIO: *o. c.*, ad c. 4, X. 4, 18, n. 5.

[48] ROSSET M.: *De sacramento matrimonii*, t. 4, n. 1334, 527; PIRHING E.: *Jus canonicum*, t. 4, tit. 1, sec. 4, par. 6, asser. 2. 35.

[49] BERNARDUS DE BOTONO PARMENSIS: *Corpus iuris canonici, Decretales,* Glossa in c. 9, X. 4, 2, ad verbum « consensus »: Typique est l'expression: « Effuge ergo cum poteris, ne consensisse puteris ».

tion après un mariage forcé, donc ipso jure nul,⁵⁰ fait présumer que la partie contrainte a purifié sa volonté, de sorte que le mariage devient valide⁵¹. A juste titre, d'ailleurs, car une telle cohabitation est un signe suffisant du libre consentement, seule condition nécessaire pour la validité du mariage. Si la femme ne quitte pas le mari, quand elle en a la possibilité, on présume qu'elle veut librement le mariage; par conséquent le consentement d'abord forcé devient un consentement libre par la cohabitation librement acceptée⁵².

Bien que pour la convalidation foro interno la libre volonté de cohabiter suffirait, on exige pour le for externe (c. à. d. avant qu'on ne puisse présumer qu'une femme veut librement cohabiter) qu'elle continue à cohabiter au moins pendant un an et demi⁵³, libre de toute menace⁵⁴.

De plus elle doit savoir que son mariage était nul. Sinon, on ne peut pas dire qu'elle a purifié sa volonté mais tout au

---

⁵⁰ PETRUS D'ANCARANO: *Super quarto decretalium facundissima commentaria,* ad c. 15, X. 4, 1, n. 6; ABBAS PANORMITANUS: *Commentarium in quartum et quintum decretalium librum,* t. 7, ad c. 15, X. 4, 1, n. 7.

⁵¹ ANT. DE BUTRIO: *In librum quartum decretalium commentarii,* ad c. 21, X. 4, 1, n. 2-4: « Nota quod matrimonium per metum contractum sola cohabitatione convalidatur, et sic voluntaria cohabitatio superveniens sola purgat metus et confirmat matrimonium maxime quando est modici temporis. Nota quod sola cohabitatione usque ad tempus maioris aetatis validatur matrimonium contractum tempore inhabilis aetatis et sic cohabitatio aliquando firmat matrimonium contra duplex vitium, scilicet aetatis et contra vitium metus. Et sic quod ab initio est nullum, licet solo tractu temporis non firmetur, confirmatur tamen si supervenit aliud factum, quod assumatur a iure, et causa confirmans. Et habes unum modum inducendi matrimonium praesumptum aliter quam per copulam. Nota quarto, quod spontanea cohabitatio non solum inducit praesumptionem, iuris pro matrimonio, si intercedat post metum, immo praesumptione iuris et de iure, contra quam non admititur probatio in contrarium ». Ad c. 4, X. 4, 18, n. 4: « Nota quod matrimonium meticularum firmatur voluntaria copula subsequente »; JEAN DE ANDREA: *In quartum decretalium librum commentaria accutissima,* ad c. 1, X. 4, 7, n. 2; MASCARDI J.: *Conclusiones,* t. 2, concl. 1051, fol. 385.

⁵² SANCHEZ T.: *De sancto matrimonii,* lib. 4, disp. 18, n. 3, 280; PIRHING E.: *Jus canonicum,* lib. 4, tit. 1, sec. 4, par. 3, 32.

⁵³ JEAN DE ANDREA: *o. c.,* ad c. 21, X. 4, 1, n. 2: « Dicebat hostiensis cum marito invita tradita per annum et dimidium habitavit spontanea, convalescit nec recipiuntur testes.

⁵⁴ SCHMALZGRUEBER F.: *Jus ecclesiasticum universum,* t. 4, pars 1, 195; ROSSET M.: *De sacramento matrimonii,* t. 4, 1335, 528.

plus qu'elle continue à vivre dans l'erreur, obstacle majeur à tout consentement libre[55].

Exiger que la cohabitation soit accompagnée ou, si l'on veut, confirmée par un acte conjugal libre[56], nous semble exagéré. La cohabitation libre est, à elle seule, un signe suffisant pour manifester l'agrément du consentement auquel la femme était forcée, c'est-à-dire pour manifester le consentement libre au mariage : ce qui suffit pour réaliser le lien conjugal[57].

c) *Fiançailles indéterminées suivies de l'acte conjugal.*

Pour la validité de la présomption du mariage dans sa forme typique on n'exige pas seulement que l'acte conjugal suive les fiançailles (ordre que Jean d'Andrea décrit[58] comme appartenant a la substance de la présomption), mais aussi que les fiançailles soient valides ; sinon on devrait dire avec Panormitanus,

> « tunc copula superveniens non potest inducere matrimonium cum non reperiatur ibi sponsalia »[59].

Ainsi se pose la question de la validité de la présomption fondée sur des fiançailles incertaines ou simulées, suivies de l'acte conjugal.

— **Fiançailles incertaines**

a) *Serment fait à une personne de contracter mariage avec une de ses filles, et suivi de l'acte charnel.*

Tout d'abord nous voulons faire remarquer que notre question n'est pas celle que se sont posée les décrétalistes ; ceux-ci se sont demandé si quelqu'un qui a fait le serment d'épouser

---

[55] Cf. note 39 ; Opinion contraire SANCHEZ T. : *De sancto matrimonii*, lib. 2, disp. 36, n. 9, 125.

[56] HOSTIENSIS : *In quartum decretalium librum commentaria*, ad c. 21, X. 4, 1, n. 2 ; 'Cohabitans' : « Sabaudi et ab eo cognita, alias per solam cohabitationem non iudicaretur matrimonium ».

[57] GUTIERREZ J. : *Canonicarum quaestionum*, lib. 3, Tractatus de matrimonio, pars 2 principalis, c. 76, 21 ; SANCHEZ T. : *o. c.*, lib. 4, disp. 18, n. 4, 280 ; SCHMALZGRUEBER F. : *o. c.*, l. c.

[58] JEAN DE ANDREA : *In quartum decretalium librum commentaria accutissima*, c. 15, X. 4, 1, n. 5.

[59] ABBAS PANORMITANUS : *Commentarium in quartum et quintum decretalium librum*, ad c. 6, X. 4, 5, n. 6.

une des filles d'une certaine personne et a des relations sexuelles avec une d'entre elles *est tenu* de l'épouser et à quel titre il y est tenu; nous, au contraire, nous nous demandons si le serment de se marier avec une des filles d'une certaine personne suivi de relations sexuelles est une *base suffisante pour conjecturer* le lien conjugal?

Bien que presque tous les auteurs sont convaincus que de telles fiançailles sont invalides puisqu'une des parties est indéterminée nous pensons que dans ce cas concret il ne s'agit pas vraiment de fiançailles qui supposent une promesse réciproque [60] mais seulement d'un serment unilatéral de mariage. La question devient donc: un serment unilatéral de mariage suivi de l'acte conjugal est-il une base suffisante pour présumer la naissance du lien conjugal? Hostiensis était convaincu qu'il s'agissait ici d'un mariage présumé.

> « Quid is quis iuravit ducere unam de filiabus Titii et non dixit quam, postea cognovit unam numquid praecise cogetur cum illa contrahere? argume.: quod sic ... Nec obstant contraria: quia ex quo cognovit eam carnaliter recessum est ab illa generalitate et quoad forum contentiosum matrimonium est praesumptum » [61].

Abbas Panormitanus [62] et Mariani Socini [63] partagent son avis, mais se basent sur un autre argument. Alors qu'Hostiensis s'est efforcé de prouver qu'on a ici des fiançailles valides, indéterminées d'abord, mais ensuite déterminées par l'acte conjugal, Abbas Panormitanus et Mariani Socini ne se sont plus préoccupés de ces fiançailles, car:

> « Sponsalia transeunt in matrimonium per carnis copulam, non tantum virtute sponsaliorum, quantum ex praesumpto consensu, ... sed ex quo iuravit ducere unam ex filiabus Titii

---

[60] Mensio et repromissio futurarum nuptiarum.
[61] HOSTIENSIS: *Super quartum decretalium librum commentaria,* ad c. 10, X. 4, 1, n. 1: Comparez ANT. DE BUTRIO: *In librum quartum decretalium commentarii,* ad c. 10, X. 4, 1, n. 14: « Ego teneo istam quartam opinionem quod statim sit matrimonium praesumptum, quia haec sponsalia ab initio quantumcumque incerta possunt certificari post factum et statim cum omnes aliae filiae sunt subductae de obligatione ideo filia illa remanet sola in obligatione, et sic eadem copula in momento declarat sponsalia et inducit matrimonium praesumptum ».
[62] ABBAS PANORMITANUS: *In quartum et quintum decretalium librum,* ad c. 10, X. 4, 1, n. 7.
[63] *Aurea ac pene divina commentaria in nonnullos libri decretalium titulos,* n. 17, 57.

et postmodum unam ex eis cognovit, satis videtur illam eligisse, et iam in eam consensisse, nam in dubio non debemus praesumere duplex peccatum, scilicet stupri et perjurii, sed potius in favorem maxime matrimonii debemus praesumere copulam fuisse licitam » [64].

Nous voulons bien admettre cette opinion en *supposant toutefois que la fille au moment de l'acte conjugal a connaissance de l'existence du serment*. Autrement l'acte ne se vérifie pas 'animo uxorio'.

b) *Serment d'épouser une d'entre des filles consanguines, et toutes les filles se déclarent d'accord: après quoi cet homme a des relations sexuelles avec une des filles.*

Le cas suivant n'est pas identique au cas précédent, mais y ressemble: quelqu'un jure de se marier avec une d'entre des filles consanguines, et toutes les filles se déclarent d'accord; après quoi cet homme a des relations sexuelles avec une des filles; le mariage se présume-t-il? A quel titre? Bien qu'on ne puisse pas dire immédiatement qu'il s'agit d'un cas typique de présomption (les fiançailles suivies de l'acte conjugal), nous admettons pourtant avec Hostiensis d'avoir affaire avec des fiançailles indéterminées à cause de l'indétermination de la personne, qui se détermine au moment de l'acte conjugal [65]. Cette indétermination des fiançailles s'oppose certainement plus fort à la nature même des fiançailles, qu'une indétermination due à une condition. Pourtant nous ne voyons pas pourquoi cette indetermination à cause de la personne ne se purifie pas dans l'acte conjugal. Avant les relations sexuelles, il n'existe qu'un pacte de mariage entre l'individu et un groupe, mais au moment des relations la détermination est suffisante pour changer ce pacte de mariage en fiançailles, qui à leur tour, dans le même acte, se transforment en mariage. De la même manière les *fiançalles* nulles à cause d'une condition sont purifiées par l'acte conjugal survenu et par lui transformées en mariage [66].

Outre la raison mentionnée dans le premier cas [67], nous

---

[64] ABBAS PANORMITANUS: *Commentarium in quartum et quintum decretalium librum*, ad c. 10, X. 4, 1, n. 7; Comparez MARIANI SOCINI: *Aurea ac pene divina commentaria*, n. 17, 57; Opinion contraire CASINUS H.: *Opera quae de jure*, lib. 2, tit. 1, c. 30, n. 5, 349.

[65] HOSTIENSIS: *Super quartum decretalium librum commentataria*, ad c. 10, X. 4, 1, n. 1.

[66] Cf. 99 ss.

[67] Quelqu'un jure à différentes soeurs de marier une d'elles et

pensons donc trouver un fondement plus solide pour admettre le mariage présumé dans le cas où quelqu'un a juré à des filles consanguines d'épouser une d'entre elles; toutes l'ont approuvé, et par après il a des relations avec une des filles. Quoiqu'en disent Innocent IV [68] et Petrus d'Ancarano [69], nous pensons que ces fiançailles, si elles sont indéterminées, sont quand-même suffisant déterminables.

c) *Le Serment d'épouser une fille absente qui par la suite, mais avant les relations charnelles, en est informée et accepte.*

Si nous admettons le mariage présumé dans les deux cas mentionnés plus haut, il n'y a plus aucune raison pour refuser la présomption du lien conjugal dans le cas où quelqu'un jure d'épouser une fille absente, qui par la suite, mais avant les relations charnelles, en est informée et accepte. Au moment de l'acte conjugal on a donc des fiançailles convalidées par l'acceptation de la fille. Si l'acte conjugal intervient, nous avons affaire avec la figure typique du mariage présumé; par conséquent, nous admettons qu'un serment d'épouser une fille absente, approuvé par la fille informée et suivie de l'acte conjugal, est un fondement suffisant pour conjecturer la naissance du lien conjugal.

— Fiançailles simulées

Le cas où quelqu'un simule de contracter mariage avec une fille pour avoir avec elle des relations sexuelles, nous

---

après il a des relations sexuelles avec une d'entre elles. Opinion contraire: S. Raymundi de PENAFORT, *Summa*, lib. 4, de matrimonio, par. 4, 512: « Pone quod aliquis desponsat aliquam, non habens propositum contrahendi sed decipiendi ut sic possit ab ea copulam extorquere carnalem, deinde cognoscit eam carnaliter, numquid stabit hoc pro matrimonio? In hoc casu diversi diversa sentiunt; mihi tamen videtur salvo meliori iudicio, quod si ille non proposuit eam ducere in uxorem, nec unquam consensit in eam, non debet ex illo facto matrimonium iudicari; cum in eo substantia coniugalis contractus non valeat inveniri; quoniam ex altera parte dolus solummodo adfuit omnino consensus, sine quo coetera nequeunt foedus efficere coniugali ».

[68] INNOCENT IV: *In quinque libros decretalium commentaria,* ad c. 10, X. 4, 1: « Nos dicimus, quod cum non interveniunt inter eos neque sponsalia, neque matrimonium, nec etiam possunt intervenire nisi inter certas personas, quod licite contrahit cum alia ».

[69] PETRUS D'ANCARANO: *Super quarto decretalium facundissima commentaria,* ad c. 10, X. 4, 1, n. 7.

pose un problème tout particulier. Ces relations purifient-elles la volonté de sortes que le mariage devienne valide?

Logiquement nous devons accepter avec quasi tous les décrétalistes qu'il y a ici toutes les raisons pour admettre un mariage présumé; car Ant. de Butrio nous dit:

> « Primum quia ex quo verba sunt apta ad matrimonium idem matrimonium iudicabitur, quisquid senserit proferens: supra eod. c. literis. Nec sua similitudo debet sibi prodesse et matrimonium vitiare ... Tertio, quia ex quo concludunt matrimonium non debet credi suae confessioni ad praejudicium matrimonii ... Quarto, quod error nominis, ex quo constat de corpore non vitiat matrimonium » [70].

D'ailleurs il y a eu l'acte conjugal qui, comme nous dit Jean de Andrea:

> « ad omne quare respondet, nam haec verba futuri temporis ad praesens retorquet ... de expresso dissensu consensum facit ... insuper conditionalem puram reddit ... non est mirum si verba tertiae personae trahat ad primam, ut hic quia ex quo sponsalia, vel aliquid matrimoniale proscessit, omnia ratificat et omnia supplet » [71].

Pourtant nous ne voulons pas omettre de faire remarquer que le manque de volonté peut être dû à une menace ou à une simulation. S'il existe une grande probabilité que la volonté ait été purifiée dans le premier cas par l'acte conjugal, il est peu probable que cet acte purifie le consentement dans le deuxième cas [72].

De plus une grande difficulté surgit quand nous confrontons cette conclusion à la décrétale c. 26, X. 4, 1:

> « Super quod tibi respondemus quod quum praefatus vir praedictam desponsaverit mulierem in propria persona et sub nomine alieno quo tunc vocari se finxit, et inter eos sit carnalis copula subsecuta, videtur forte pro conjugio prae-

---

[70] Abbas Panormitanus: *In quartum et quintum decretalium librum*, ad c. 26, X. 4, 1, n. 8; Ant. de Butrio: *In librum quartum decretalium commentarii*, ad c. 26, X. 4, 1, n. 12-14; Petrus d'Ancarano: *o. c.*, ad c. 26, X. 4, 1, n. 1.

[71] Jean de Andrea: *In quartum decretalium librum commentaria accutissima*, ad c. 26, X. 4, 4, 1, n. 5, ad verbum 'copula'. Comparez Hostiensis: *In quartum decretalium librum commentaria*, ad c. 26, X. 4, 1, n. 1, ad verbum 'copula carnalis'.

[72] Leitner M.: *Ueber die matrimonia praesumpta*, AfkK, 76 (1897) 264.

sumendum, nisi tu vobis expresse scripsisses, quod ille nec proposuit nec consentit illam ducere in uxorem, quod qualiter tibi constiterit non videmus. Nos autem, quid juris sit rescribentes (hoc) dicimus, quod ille eam non proposuit ducere in uxorem nec umquam consensit in praedictam personam, non debet ex illo facto conjugium iudicari, quum in eo nec substantia conjugalis contractus, nec etiam forma contrahendi conjugium valeat inveniri » [73].

L'interprétation de cette décrétale a fait couler beaucoup d'encre. Conformément à la législation précédente et à la doctrine généralement acceptée, on a pensé trouver la solution de cette opposition dans l'hypothèse que la première partie de la décrétale se réfère au for externe et la deuxième au for interne [74]. Pourrant nous pensons devoir comprendre cette décrétale dans la ligne, mentionnée mais rejetée par Abbas Panormitanus: toute la décrétale parle du for externe, aussi bien dans la deuxième partie que dans la première.

Uniquement ainsi nous pensons pouvoir justifier les paroles d'Innocent III: « Nos autem, *quid juris sit* rescribentes (hoc) dicimus ». Comment peut-il parler de *Juris* s'il avait seulement l'intention de donner une norme pour la conscience. Mais si toute la décrétale parle du for externe, comment expliquer l'opposition? Deux solutions sont possibles: *Ou bien* Innocent III limite l'application de la théorie du mariage présumé au cas où des fiançailles valides ou un mariage nul pour une raison indépendante de la volonté, ont précédé l'acte conjugal; ainsi le mariage présumé, n'est plus possible du moment qu'on n'est pas sûr qu'un échange de consentement a précédé. *Ou bien* Innocent III rejette l'opinion de son maître Huguccio (selon cette théorie, de plus en plus généralement acceptée, il serait ' forte pro conjugio praesumendum ') et accepte la doctrine d'Alexandre III, qui admet le mariage présumé dans le cas où un consentement peut être actualisé au moment de l'acte conjugal.

Ainsi nous pouvons conclure que dans le cas où il y a simulation pour obtenir les relations sexuelles, suivie de l'acte

---

[73] Friedberg E.: *Corpus iuris canonici, Decretalium collectiones*, pars 2, c. 26, X. 4, 1.
[74] Hostiensis: *Super quartum decretalium librum commentaria*, ad c. 26, X. 4, 1, rubr.; Abbas Antiquus: *In librum decretalium aurei commentarii*, ad c. 26, X. 4, 1, n. 2; Abbas Panormitanus: *In quartum et quintum decretalium librum*, ad c. 26, X. 4, 1, n. 1; Jean de Andrea: *o. c.*, ad c. 26, X. 4, 1, n. 2.

conjugal, il y a mariage présumé pour ceux qui le comprennent selon la théorie de Huguccio; pour Innocent III par contre, il nous semble qu'il n'y a pas de mariage présumé vu qu'il y a manque de substance et de forme, ' quum in eo nec substantia conjugalis contractus, nec etiam forma contrahendi conjugium valeat inveniri '.

3. *Le consentement de praesenti explicitement échangé reste inefficace à cause d'un empêchement. Après la cessation de l'empêchement, se basant sur un signe ou une action, on présume une confirmation et, si nécéssaire, un renouvellement de l'échange du consentement.*

a. *L'échange du consentement de praesenti est inefficace à cause de l'empêchement d'âge.*

Bien que ce cas ressemble à la catégorie précédente, nous ne pensons pas pouvoir l'y réduire. La raison, en effet, pour laquelle le droit ecclésiastique s'est prononcé pour l'invalidité de l'échange du consentement entre des impubères, ne s'épuise pas avec un manque de consentement à cause d'une liberté insuffisante pour se marier, que est intrinsèque à l'impuberté.

C'est seulement au 12ème siècle que le droit ecclésiastique prend une position plus ou moins stable à propos de l'empêchement d'âge. Auparavant nous disposons de fort peu de décisions qui, de plus, sont discordantes.

Le pape Grégoire I (590-604) [75] dans la décrétale c. 1, X. 5, 23, accepte comme seuil de la puberté l'âge de 14 ans.

« Pueris grandiusculis peccatum nolunt attribuere quidam, nisi ab annis XIV cum pubescere coeperint »

Le pape Grégoire VII (1187), par contre n'admet pas d'âge strict pour la puberté; il veut qu'on en juge d'après la force et la capacité physique d'engendrer:

« Manifestum est eum puberem esse qui gesticulatione sui corporis talis est, ut iam procreare possit, licet ad metas legibus diffinitas non pervenerit » [76].

Gratien pour qui le mariage commence par la desponsatio et est porté à la perfection par l'acte conjugal, n'éclaircit pas la

---

[75] Pour les dates cf. FRIEDBERG E.: *Corpus iuris canonici, Decretalium collectiones,* pars 2, XI.
[76] Comp. Ia, c. 3, 4, 2.

doctrine à cet égard; il dit qu'en général les *sponsalia* ne sauraient être contractées avant l'âge de raison (anni discretionis) c. à. d. 7 ans [77].

Alexandre III dans la décrétale c. 5, X. 4, 2 est explicite:

« Desponsationes et matrimonia ante septem annos fieri non possunt »

et dans la décrétale c. 6, X. 4, 1, il ajoute qu'il n'y a pas lieu de séparer deux mariés parce que la fille n'aurait que 11 ou 12 ans [78].

La théorie de l'empêchement d'âge a commencé à se former seulement après qu'on ait distingué clairement entre sponsalia de futuro et sponsalia de praesenti. Quand on exige pour la validité des fiançailles l'âge minimum de sept ans, on ne dispose pas d'une limite aussi nette [79] pour la validité du mariage.

En principe évidemment c'est la puberté physique qui fonde un mariage valide. Quand on donne comme seuil de la puberté un certain nombre d'années, on ajoute presque toujours la restriction « Nisi malitia supplet aetatem »: si elle a été connue charnellement, même si elle n'a pas l'âge limite de 12 ans, elle ne sera pas entendue » [80]. En règle générale on peut donc dire que le mariage n'est valide qu'entre conjoints ayant respectivement 14 ans pour les garçons et 12 pour les filles, à moins que la malice n'ait suppléé en eux l'âge légal.

Tancrède résume très bien cette règle:

« et si ante conjungantur non est matrimonium, sed sponsalia nisi ita fuerint nubili aetati proximi, quod potuerunt carnaliter commisceri, cum aetatem videatur suplevisse malitia » [81].

Plusieurs questions se posent quant aux impubères. Nisi malitia supplet aetatem, ils ne peuvent se marier; mais quelle

---

[77] C. un., C. 30, q. 2.

[78] « Si autem fuerit aetati proxima, ut in undecimo vel circa XIII annum et cum suo assensu et voluntate parentum desponsata et benedicta fuerit, et cognita ab eodem viro separari non debet ».

[79] ANT. DE BUTRIO: *In librum quartum decretalium commentarii,* ad c. 3, X. 4, 2, n. 3; c. 3, X. 4, 5, n. 3; PETRUS D'ANCARANO: *Super quarto decretalium facundissima commentaria,* ad c. 3, X. 4, 2, n. 3: « Primo enim iudicat per aspectum, secundo per annorum numerum, tertio per potentiam coeundi et sic dimittit nos in dubio ».

[80] C. 7, X. 4, 2.

[81] TANCREDUS: *Summa de matrimonio,* 5.

serait la relation entre eux s'ils le faisaient quand-même? Si cette situation est suivie de l'acte conjugal, présumera-t-on le mariage? Si elle n'était pas suivie de l'acte conjugal mais d'un autre signe, qui manifeste la continuation dans la même volonté après la puberté, admettra-t-on la présomption?

Dans le cas ou ils ont échangé le consentement de praesenti, bien que psychologiquement, physiquement, moralement et juridiquement ils ne sont pas capables de s'engager de telle manière, on a soutenu une double théorie. Selon les uns [82] ils n'ont rien fait, car ils avaient l'intention de se marier et non de se fiancer; or ils sont incapables de se marier et ne veulent pas de fiançailles; il est donc évident qu'il n'y a rien entre eux. D'autres [83] pensent pouvoir invoquer dans ce cas la règle Brocarde 'si non valet quod ago ut ago, valeat ut valere potest' et défendent par conséquent qu'entre eux existent des fiançailles, qu'ils appellent « fiançailles verbis de praesenti re de futuro » [84].

La situation de deux impubères qui ont échangé le consentement de praesenti est selon ces derniers auteurs très semblable à la situation entre deux fiancés [85]; pourtant il y a une différence assez profonde du moment qu'ils continuent à vivre dans cette situation après la puberté.

Dans le cas de deux fiancés l'acte conjugal subséquent permet de présumer le mariage; dans le cas de deux impubères, ou d'un impubère et d'un adulte, une distinction s'impose: ou bien ils ont contracté des fiançailles ou bien ils ont tenté de se marier.

En aucun de ces cas le simple fait de la puberté ne suffit pour présumer un mariage [86]; dans le cas où les fiançailles

---

[82] Huguccio, cité par Hoermann W.: *Die desponsatio*, 205.

[83] Hostiensis: *Summa aurea*, contre Damasus il dit: 'Potius sumpserunt ex capite suo quam ex iure'; Mariani Socini: *Aurea ac pene divina*, n. 35, 197.

[84] Menochius J.: *De praesumptionibus*, lib. 3, praes. 1, n. 59-60, 291; Gutierrez J.: *Canonicarum quaestionum, lib. 3, Tractatus de matrimonio*, cap. 40, col. 2, 92.

[85] Sanchez T.: *De sancto matrimonio*, lib. de sponsal. disp. 21, n. 3, 39: « Hoc tamen concedendum est priori sententiae haec non esse sponsalia vere et simpliciter sed iuris interpretatione, ut ait Sylvester, Matrimonium 5, q. 8, ad fin. et ita ait praesumere ius voluisse se obligare eo modo, quo possunt ».

[86] Petrus d'Ancarano: *Super quarto decretalium facundissima commentaria,* ad c. 10, X. 4, 2, n. 2: « Secundo nota quod sola aetas superveniens non confirmat sponsalia invalida ratione aetatis nisi et probetur consensum intervenisse post maiorem aetatem, quandoque tamen

étaient 'verbis de praesenti re de futuro', n'importe quel signe, qui manifeste la continuation, la persévérance dans la même volonté, peut servir de base conjecturale du mariage présumé [87].

Dans le cas où les fiançailles étaient 're et verbis de futuro', on peut seulement parler d'une base valide pour conjecturer le mariage si après la puberté les fiançailles sont suivies d'un acte conjugal [88] ou selon quelques rares auteurs, de la cohabitation.

> « Et per hoc innuit, quod si cum muliere morando perfecisset aetatem, matrimonium esset firmum » [89].

La décrétale c. un., 4, 2, par 2, in 6° de Boniface VIII nous donne une confirmation absolue de la doctrine commune:

> « Sponsalia enim illa, quae juris interpretatione tantum fuerunt sponsalia de futuro, licet verba consensum exprimentia de praesenti haberent, et matrimonium contrahere intenderint contrahentes per adventum pubertatis (le simple fait de la puberté) in matrimonium non transeunt de praesenti. Nec matrimonium, quod ut matrimonium aetate non tenuit prohibente, per lapsum dicti temporis convalescit, nisi per carnis copulam subsecutam, vel aliquem nondum alium contrahentes eosdem cum eiusdem perseverantia voluntatis ad pubertatis tempora pervenisse constiterit evidenter ».

b. *L'échange du consentement de praesenti est inefficace à cause d'un autre empêchement.*

Après la cessation de l'empêchement d'âge, l'acte conjugal fait présumer la convalidation de l'échange du consentement inefficace. L'acte conjugal peut avoir la même valeur si l'échange du consentement est inefficace à cause d'un autre empêchement:

a) Dans la décrétale c. 7, X. 4, 7, Innocent III parle d'un

---

solus cursus temporis, si non interveniat contradictio firmat actum invalidum a principio ratione aetatis ».

[87] COVARRUVIAS D.: *In quartum decretalium librum epitome,* pars 1, cap. 4, par. 2, n. 3; GUTIERREZ J.: *Canonicarum quaestionum, lib. 3, Tractatus de matrimonio* cap. 40, col. 2, 92; MENOCHIUS J.: *De praesumptionibus,* lib. 3, praes. 1, n. 64, 291.

[88] MENOCHIUS J.: *o. c.,* n. 62, 291; MARIANI SOCINI: *Aurea ac pene divina,* n. 32, 197.

[89] JEAN DE ANDREA: *Super quartum decretalium librum commentaria accutissima,* ad c. 10, X. 4, 2, n. 4; HOSTIENSIS: *Super quartum decretalium librum commentaria,* ad c. 10, X. 4, 2, n. 4.

homme marié qui a eu des relations sexuelles avec une deuxième femme qui ignorait que l'homme était marié; il lui permet d'avoir cette deuxième femme comme épouse légitime s'ils ont renouvelé le consentement après la mort de la première.

Dans son commentaire de cette décrétale Jean de Andrea écrit:

> « Mortua vero prima esse poterit matrimonium cum secunda inscia, non ex primo consensu, sed ex novo ut dicit glossa: novus autem intervenire potest verbo vel facto, verbo ut sic dicam verba consueta ... facto, si utroque certificato sequitur copula » [90], quia cum eam reliquisset, ut peccatum vitaret, non verisimile, quod ad eam rediret, ut ipsam cognoscendo peccaret [91].

b) Nous pensons déjà retrouver cette même théorie dans la décrétale c. 2, X. 4, 9 où Alexanlre III prescrit qu'un mariage contracté avec une esclave doit être rompu sauf si la personne libre a eu des relations conjugales avec l'esclave après avoir eu connaissance de son état d'esclave: car, nous dit T. Sanchez:

> « Matrimonium verbis et signis contrahi potest nullum autem signum ita expresse voluntatem contrahendi denotat ad factum ipsum » [92].

Bien que nous ne voulons pas souscrire à cette affirmation dans toute sa rigidité, nous admettons que l'acte conjugal précédé d'un mariage nul à cause de l'empêchement de condition, est une base suffisante pour conjecture la validité du lien.

> « quod nullum matrimonium est inter eos, nisi postquam cognovit eius conditionem esse talem, consensit in eum verbo, vel facto per carnalem copulam » [93].

De fait, l'union charnelle est considérée comme preuve suffisante pour conjecturer l'échange libre du consentement matrimonial dans le cas où cette union suit à un consentement forcé; l'acte conjugal fait supposer la résignation d'une con-

---

[90] JEAN DE ANDREA: *o.c.*, ad c. 6, X. 4, 7, n. 2.
[91] JEAN DE ANDREA: *o.c.*, ad c. 7, X. 4, n. 7.
[92] SANCHEZ T.: *De sancto matrimonio*, lib. 2, disp. 36, n. 6, 124.
[93] RAYMUNDI DE PENAFORT: *Summa*, lib. 4, de matrimonio, 525; HOSTIENSIS: *Summa aurea*, lib. 4, par. et qualiter dissolvatur, n. 28, fol. 292: « Praesumptionem aliud contrahitur per carnis copulam, verbis conditionalibus, vel indirectis, vel coactis praecedentibus ».

dition explicitement apposée; à plus forte raison l'acte conjugal suffira comme base pour conjecturer la convalidation du consentement vicié par l'empêchement de condition.

A l'objection que nous avons ici affaire avec une convalidation de mariage et non avec une présomption nous répétons volontiers ce que nous avons déjà dit plus haut [94]: s'il y a une différence fondamentale entre les deux institutions elle n'est certainement pas vérifié dans ces cas, car non seulement les auteurs [95] ont employé ces termes comme synonymes. (Caractéristique est Hostiensis dans la glose à la parole « Ratishabitione »:

« praesumpta ex duobus scilicet ex lapsu temporis et carnis copula » [96]).

mais nous non plus, nous ne voyons pas de différence, du moins pas sous ce point de vue, entre un mariage convalidé par l'acte conjugal après un consentement nul à cause d'une menace [97], et un mariage présumé par l'acte conjugal après un consentement insuffisant à cause d'impuberté [98].

Si on nous faisait l'objection que dans le cas d'un mariage présumé, on présume l'échange du consentement, nous devrions répondre qu'au moins dans deux des trois cas traditionnellement mentionnés comme mariages présumés, le consentement de praesenti a été échangé: d'abord dans le cas des fiançailles re de futuro verbis de praesenti, les impubères ont échangé le consentement de praesenti, inefficace à cause de l'empêchement d'âge; et ensuite, dans le cas du mariage sous condition, le consentement de praesenti a été échangé, mais est inefficace à cause de la condition. L'acte conjugal survenu rend dans ces deux cas le consentement valide et efficace, donnant ainsi naissance au lien conjugal.

Selon la théorie du mariage présumé acceptée par Alexandre III et Innocent III [99] cela se vérifie même dans le premier

---

[94] Cf. chap. 1, pag. 68.
[95] ANT. DE BUTRIO: *In librum quartum decretalium commentarii*, ad c. 21, X. 4, 1, n. 5; ROSSET M.: *De sacramento matrimonii*, t. 4, n. 1334, 527; PIRHING E.: *Jus canonicum*, t. 4, tit. 1, sec. 4, par. 6, asser. 2, 35.
[96] *In quartum decretalium librum commentaria*, ad c. 4, X. 4, 18, n. 5; Comparez HOSTIENSIS: *Summa aurea*, lib. 4, par. et qualiter dissolvatur, n. 28, fol. 292.
[97] C. 4, X. 4, 18.
[98] C. un., 4, 2, in VI°, par. 2.
[99] Cf. chap. 1, p. 67.

des cas typiques du mariage présumé: les fiançailles suivies de l'acte conjugal. Pour ces deux papes, le consentement qui donnera naissance au lien conjugal a été échangé; en effet le lien conjugal prend sa naissance dans le consentement de futuro, qui tout en étant promesse de mariage possède déjà la force de conclure le lien conjugal s'il est actualisé dans le présent par un consentement de praesenti ou par l'acte conjugal subséquent.

On pourrait penser que la différence entre la convalidation et la présomption du mariage serait la suivante: On parle de convalidation quand le lien conjugal se réalise par le consentement vrai d'une partie et supposé chez l'autre, tandis qu'on parle de présomption si ce lien est réalisé par le consentement présumé des deux parties. Cette affirmation est privée de toute valeur, car une convalidation peut très bien se vérifier quand un mariage a été contracté par un consentement supposé des deux parties. Et on peut avoir un mariage présumé quand le lien conjugal prend son origine dans un consentement vrai d'un côté et présumé de l'autre. Par exemple: un pubère se marie avec une impubère; s'il la connaît charnellement, on pourra parler de présomption. Nous pensons trouver la vraie différence entre la convalidation et la présomption d'un mariage dans le fait que pour la convalidation on dispose d'une base vraie et certaine pour conclure qu'il y a eu renouvellement du consentement, tandis que dans le cas de la présomption on se base sur quelques signes qui permettent de conjecturer ce renouvellement.

4. *Le consentement a été échangé explicitement mais sous condition; se basant ensuite sur l'acte conjugal on présume que la condition a été retirée.*

Bien que traditionellement le consentement conditionné suivi de l'acte conjugal, figure parmi les mariages présumés, nous sommes obligés d'admettre, que l'évolution de la doctrine n'a pas été tellement calme, comme Rudolf Weigand l'a exposé dans « Die Entwicklung der bedingten Eheschliessung in kanonischen Recht »[100]. On n'a pas seulement établi la distinction entre la condition et 'modo, demonstratio, et causa', qui ne font jamais suspendre le mariage[101], mais on a élaboré aussi une distinction subtile dans la condition[102].

---

[100] Weigand R.: *Die bedingte Eheschliessung.*
[101] Soto D.: *In quartum (quem vocant) sententiarum*, t. 2, ad dist. 29, q. 2, art. 1, 167; Sanchez T.: *De sancto matrimonio*, lib. 5, disp. 1,

Les auteurs sont d'accord pour admettre qu'une condition malhonnête, ou impossible, ou contre la nature du mariage est considérée comme non ajoutée; mais nous rencontrerons la plus grande différence d'opinions au sujet de la condition honnête. A côté de ceux qui n'admettent pas qu'on puisse échanger un consentement de praesenti sous condition, sans que la condition ne soit considérée comme non ajoutée, il y a ceux qui admettent que le mariage contracté sous condition honnête est valide si celle-ci ne fait pas dépendre l'échange du consentement de la volonté d'une tierce personne; si la condition honnête fait dépendre de la volonté d'une tierce personne, l'échange du consentement, le lien conjugal prend seulement naissance quand la condition est réalisée.

Pour notre sujet, le problème se réduit à l'interprétation des décrétales d'Alexandre III c. 3, X. 4, 5 « De illis de Urbain III c. 5, X. 4, 5 Super eo vero, et de Innocent III, c. 6, X. 4, ' Per tuas '. Bien que ces décrétales ont connu les interprétations les plus diverses qui soulignent surtout la divergence entre les solutions données par les papes, nous pensons qu'une interprétation plus exacte doit s'efforcer de conserver l'unité dans la doctrine des papes.

Si on considère bien les décrétales, on doit admettre que l'opposition entre la décrétale d'Alexandre III et celle d'Urbain III a trouvé son origine plutôt dans les tendances différentes des auteurs que dans une interprétation exacte des textes. En effet, Alexandre III parle tout au plus de fiançailles sous condition et non de mariage sous condition. Strictement parlant

---

n. 2, col. 1, 295: « Ergo supponendum est matrimonium aliquid posse adjici quintupliciter 1. tamquam tempus et diem, qua matrimonium contrahi debet: ut contraho tecum cras. 2. ut modum qui est quasi adiectio oneris, ad quos volumus obligare contrahentem, et communiter explicatur per conjunctionem ut vgr, duco te ut divitias, aut honorem consequar. 3. per modum causae: quod evenit, quando denotatur causa ob quam contrahitur. Et communiter explicatur per dictionem: quia ut contraho tecum quia dives aut pulchra es. 4, per modum demonstrationis: quod contingit, quoties significatur aliqua qualitas in contrahentibus et explicatur per relativum aut dictionem importantem aliquam qualitatem ... Ut, duco te, quae libera es, aut virgo. 5. per modum conditionis, cum scilicet, aliquid adjicitur suspendens contractum, sub cuius existentia et non alios volumus contractum celebrari. Nam de natura conditionis est suspendere et facere ut actus possit se habere ad esse et non esse ».

[102] Très poussé est le texte de BERNARDUS PAPIENSIS: *Summa Decretalium,* 147. ODDI-BAGLIONI A.: *Il matrimonio condizionato,* Studi di diritto romano e straniero, Padova, 1938, 5.

la décrétale n'est pas une réponse à une question matrimoniale, mais à une question de fidélité à un serment.

> « Si vero aliquis sub huiusmodi verbis iuramentum alicui mulieri praestiterit: Ego te in uxorem accipiam, si tantum mihi donaveris » [103].

Le pape se prononce pour la liberté de la personne jusqu'au moment de la vérification de la condition, sauf dans le cas où cette personne renonce à la condition, soit par un consentement libre inconditionné de praesenti, soit par un consentement de futuro actualisé au présent par l'acte charnel.

De toute évidence le pape ne dit rien d'un mariage contracté sous condition: il se limite à dire que des fiançailles contractées sous condition restent en suspens jusqu'au moment où la condition se vérifie. Quand il ajoute que les personnes ne sont plus libres après qu'elles ont contracté le mariage (selon une des deux manières reconnues par lui), il ne fait que confirmer sa doctrine de c. 15, X. 4, 1, où il dit que les fiançailles sont annulées par un mariage subséquent, ce qui s'applique a fortiori à des fiançailles conditionnées.

Il est vrai qu'une première lecture de la décrétale c. 5, X. 4, 5, semble contredire la réponse d'Alexandre III, mais il nous semble qu'il n'y a aucune contradiction.

En effet, si les paroles 'consummandum matrimonium' font plutôt supposer qu'un consentement de praesenti efficace précède, les mots 'nequaquam cogendus est ad matrimonium contrahendum' nous obligent à conclure que même si un consentement de praesenti avait précédé, il n'a pas été efficace pour créer le lien conjugal; c'est à dire si le consentement est verbis de praesenti, juris interpretatione il est de futuro, ce qui correspond entièrement à la déclaration du pape lui-même: 'cum huiusmodi consensus nequaquam de praesenti habendus'. Il n'y a donc pas d'opposition entre la doctrine d'Alexandre III et celle d'Urbain III comme si le premier considérait un mariage contracté sous condition comme valide, ce qui veut dire qu'il considère la condition comme non-ajoutée, tandis que le deuxième considérait un tel mariage comme invalide aussi longtemps que la condition n'est pas vérifiée. Il y a plutôt une continuation et un perfectionnement de la doctrine. Notamment selon Alexandre III aucun lien ne se réalise, même pas une obligation par serment, dans le cas où une personne jure

---

[103] C. 3, X. 4, 5, De illis.

sous condition de se marier avec quelqu'un: 'Reus perjurii non habetur'; Urbain III continue et ajoute que même s'ils ont échangé le consentement sous condition, aucune obligation stricte ne se crée, car même si les mots sont de praesenti, juris interpretatione ils sont de futuro et ne créent aucune obligation au mariage:

« Nequaquam cogendus est ad matrmonium contrahendum ».

Mais comme le danger de malentendu n'était pas imaginaire, il explique lui-même la concordance entre sa réponse et celle de son prédécesseur Alexandre III.

« Nam licet felicis memoriae Alexander papa antecessor noster in suis consultationibus responderit, quod sponsalia, interposita conditione contracta, conditione ipsa non impleta, si consensus de praesenti intercedat vel carnalis copula subsequatur, dissolvi non debent, sed firmiter observari: nequaquam est nostrae definitioni adversum, quum huius consensus non sit de praesenti habendus licet per verba de praesenti evidentius exprimatur » [104].

Au lieu d'éclaircir la concordance des deux réponses, il augmente par son explication la possibilité d'une interprétation fausse. En effet, Alexandre III emploie un terme qui indique clairement la succession du consentement de praesenti, ou de l'acte conjugal à des fiançailles sous condition:

« nisi consensus de praesenti aut carnalis *sit inter eos subsecuta* »;

Urbain III emploie une terminologie moins catégorique quand il rend la doctrine d'Alexandre III: '*si consensus de praesenti intercedat*'. Au lieu d'indiquer la succession des fiançailles conditionnées et du consentement de praesenti ou l'acte conjugal subséquent, son explication nourrit l'hypothèse qu'Alexandre III se serait prononcé sur le cas d'un mariage (desponsatio de praesenti) contracté sous condition.

A propos du cas où un consentement de praesenti a été échangé sous condition, Innocent III dans sa décrétale 'Per tuas' ne se prononce pas explicitement ni en faveur de la tendance qui conçoit toutes les conditions comme non-ajoutées, ni en faveur de la tendance qui considère comme non-ajoutées

---

[104] C. 5, X. 4, 5, Super eo.

toutes les conditions, à l'exception de celles qui dépendent de la volonté d'une tierce personne; car dans le cas considéré, comme il s'agit précisément d'une condition qui dépend de la volonté d'une troisième personne, il devrait se prononcer pour l'invalidité du mariage. Or il se limite à résoudre le cas en se basant sur la doctrine traditionnelle du mariage présumé énoncée par Alexandre III dans sa décrétale 'De illis' et continuée par Urbain III en 'Super eo'. Dans sa décrétale Urbain III considère l'échange du consentement de praesenti sous condition, comme 'verbis de praesenti iuris interpretatione de futuro ('cum huiusmodi consensus non sit de praesenti habendus, licet per verba de praesenti evidentius exprimatur'); de même l'idée qu' Innocent III considère une desponsatio de praesenti sous condition comme une desponsatio 'verbis de praesenti sed juris de futuro', nous la trouvons dans la décrétale 'Per tuas' dans les paroles: 'se illam in uxorem ducere non teneri' et ensuite dans l'usage continuel du mot sponsalia.

Bien que la législation ecclésiastique ne se soit jamais prononcé sur la validité du mariage conditionné ou de la condition ajoutée, elle considère l'échange du consentement conditionné suivi de l'acte conjugal comme base suffisante pour présumer un mariage.

La manière dont on justifiera cette présomption dépend des différentes conceptions du mariage présumé.

Ou bien on justifiera la présomption en disant que l'acte conjugal suivant l'échange du consentement conditionné fait présumer l'échange du consentement de praesenti inconditionné. La cessation de la condition est l'effet secondaire, selon la règle générale qu'une condition n'est pas considérée comme ajoutée si elle est ajoutée à un consentement de praesenti[105]. Ou bien on dira comme Innocent III que l'acte conjugal fait présumer la cessation de la condition et seulement en un deuxième temps, le mariage est considéré comme valide, puisque si l'échange du consentement conditionné était de praesenti, ce consentement existerait inconditionné et efficace; si l'échange du consentement conditionné était de futuro le lien conjugal se réaliserait selon la deuxième possibilité de contracter mariage acceptée par Alexandre III: consentement de futuro suivi de l'acte conjugal[106]. Ou bien plus tard on dira

---

[105] Cf. Cap. 1, p. 39.
[106] BERNARDUS DE BOTONO PARMENSIS: *Corpus juris canonici,* Decretales, glossa ad c. 6, X. 4, 5, ad verbum 'Praesumendum'.

que l'acte conjugal fait présumer non seulement la cessation de la condition, mais aussi le changement du consentement de futuro en consentement de praesenti [107].

Bien que les premiers décrétistes et décrétalistes n'étaient pas d'accord pour admettre qu'un consentement de praesenti pourrait être échangé sous condition, cette théorie est maintenant généralement acceptée. Ant. de Butrio [108] répond à tout argument contraire à cette théorie. En effet, dit-il, l'adage 'nemo praesumitur recedere a jure suo' vaut seulement quand n'interviennent pas des actes qui autorisent la présomption de cette abdication.

Plus extrême est la théorie du Praepositus [109] il ne défend pas seulement que l'acte conjugal subséquent à un échange du consentement, soit de praesenti, soit de futuro conditionné, est une base suffisante pour présumer mariage, mais il prétend que si l'acte conjugal suit un échange du consentement conditionné, même au moment où la condition fait défaut, on disposera d'une base de probabilité suffisante pour présumer l'origine du lien conjugal.

---

[107] WEIGAND R.: *Die bedingte Eheschliessung*, 180; PIRHING E.: *Ius canonicum*, t. 4, tit. 5, par. 2, asser. 2, 76; MARIANI SOCINI: *Aurea ac pene divina*, ad c. 5, X. 4, 5, n. 115: « Unde haec copula operari videtur duos effectus, quia purificat conditionem et inducit unum de praesenti ». PETRUS D'ANCARANO: *Super quarto decretalium faccundissima commentaria*, ad c. 3, X. 4, 5, n. 6: « Sexto nota, quod carnalis copula subsequens post sponsalia de futuro, non solum illa purificat sed facit ut videatur a conditione recessum, multum ergo operatur copula carnalis, ut videatur recessum a conditione et transire sponsalia de futuro in matrimonium de praesenti ».

[108] ANT. DE BUTRIO: *In librum quartum decretalium commentarii*, ad c. 3, X. 4, 5, n. 6: « Omnia contraria tollit copula intermedia ... et si per copula videtur recessum a conditione prima posita ... contraria clare ergo cessant: dum dicitur quod non praesumitur recedere a iure suo verum est aetas intercedat, per quem recessisse praesumetur, hic intercessit copula. Dum dicitur primus consensus praesumitur durare in qualitate prima, verum est nisi actus concludens oppositum consensu intercedat, ut hic est copula. Dum dicitur per extrema iudicantur media, verum est nisi inter media appareant declarantia voluntatem aliquam ab extremis. Dum dicitur consensus conditionalis est nullus, negatur, quia imo valet et inducit sponsalia saltem de futuro, quo ad purificationem consensus, et ideo copula inducit matrimonium ».

[109] PRAEPOSITUS: *Lectura aurea super quartum decretalium*, Venetiis 1575, ad c. 6, X. 4, 5, n. 4.

IV. Les dimensions de la présomption conjugale

Les auteurs n'ont pas seulement essayé d'élargir le champ d'application de la présomption conjugale, mais ils se sont aussi demandé quelle est la valeur et la profondeur de la présomption. La présomption du mariage est-elle juris et de jure ou juris tantum? Obligera-t-elle aussi au for interne ou se limitera-t-elle au for externe?

Ces deux questions, bien qu'intimement liées l'une à l'autre, exigent une explication séparée.

1) *La présomption matrimoniale est-elle juris tantum, ou juris et de jure?*

Que les auteurs se soient intéressés à cette question assez tardivement, cela s'explique par le fait qu'il n'y a pas de place pour cette question, dans la conception originelle du mariage présumé. Cette question s'est seulement posée après qu'on a privé le consentement de futuro de toute valeur dans la réalisation du lien conjugal, l'attribuant exclusivement à l'échange du consentement de praesenti.

En effet, aussi longtemps qu'on considérait le mariage présumé comme un mariage qui prend son origine dans le consentement de futuro ou dans le consentement de praesenti inefficace, actualisé dans le présent par l'acte conjugal, le mariage présumé restait un mariage vrai et ne différait du mariage vrai créé par l'échange du consentement de praesenti, que par la manière de réalisation du lien. Comme le lien réalisé du mariage présumé est un lien matrimonial aussi vrai que le lien créé par le consentement de praesenti, il est évident que le problème de la valeur de la présomption est hors de question [110].

La question de la valeur de la présomption s'impose dès qu'on a privé le consentement de futuro de toute valeur dans la réalisation du lien conjugal, le considérant seulement comme un élément de probabilité qui justifie la présomption que les conjoints ont effectué l'acte conjugal 'animo conjugali' et non 'animo fornicario'.

Il est possible, en effet, qu'ils se soient connus 'animo

---

[110] Ainsi on comprend ce que dit Jean de Andrea ad c. 30, X. 4, 1, n. 1: « et eis manentibus in eodem proposito, vel saltem non protestantibus contrarium alias per coïtum non efficeretur matrimonium praesumptum et admitteretur probatio in contrarium ».

fornicario et non animo uxorio' et qu'ils n'y a pas mariage entre eux, car le consentement de futuro suivi de l'acte conjugal est privé de toute valeur pour contracter mariage et le consentement de praesenti n'a pas été échangé. Dans ce cas, il y aurait donc une opposition entre ce qui existe en réalité et ce qui existe selon le droit; par conséquent la question de la valeur de la présomption obtient une grande importance. D'abord les auteurs n'y voyaient pas de difficulté[111]. Mais après la décrétale c. 30, X. 4, 1 de Grégoire IX dans laquelle il exprime selon la nouvelle conception de la présomption la doctrine traditionnelle de l'Eglise qui connaît une double possibilité de formation du lien, il n'y a plus de doute sur la valeur de la présomption. En effet, pour ne pas faire injustice à la validité de la deuxième possibilité de formation du lien: notamment si l'acte conjugal suit des fiançailles, il a déclaré que la présomption de l'échange du consentement de praesenti au moment de l'acte conjugal qui suit des fiançailles, est *iuris et de jure*. A ce moment commence entre les auteurs une discussion sur les limites de cette présomption. Surtout deux questions seront le sujet de leur désaccord. Admettra-t-on la preuve du contraire provenant de la confession au tribunal; en d'autres mots dans une confrontation entre la présomption que dans l'acte conjugal le consentement de praesenti s'échange et la confession d'une des parties ou des deux qu'ils ne sont pas connus animo uxorio mais animo fornicario, est-ce la présomption, ou la confession qui prévaudra? La présomption prévaudra-t-elle aussi dans le cas d'ignorance?

a. *L'inadmissibilité de la confession comme preuve du contraire contre la présomption conjugale.*

Outre le fait que le mariage est le sujet favorisé par la présomption, ce qui exclut l'argumentation que le parti qui défend la validité du mariage peut renoncer à la faveur de la présomption

> « Sed adverte nam illud commune dictum procedit, quando ius praesumit in favorem alterius, tunc enim ille confitendo contrarium tollit praesumptionem iuris, sed in casu nostro non agitur in favore contrahentium, sed matrimonii, unde conjuges non possunt praejudicare matrimonio »[112].

---

[111] ROMAN J.: *Summa de Huguccio*, 800-801; 763.
[112] CARRIERO A.: *De sponsalibus et matrimoniis*, 46; ABBAS PANORMITANUS: *In quartum et quintum decretalium librum*, ad c. 30, X. 4, 1, n. 5.

nous ne pouvons pas admettre la confession comme preuve du contraire. D'abord on détruirait ainsi la stabilité du mariage présumé, car il est très aisé pour les deux conjoints de se mettre d'accord pour confesser devant le tribunal qu'ils ont effectué l'acte conjugal ' animo fornicario ' et non ' animo uxorio ' [113]. Ensuite il s'agit d'une matière où la confession, même celle des deux parties, ne peut rien opérer:

> « Si autem sumus in materiam, in qua non possunt partes sibi praejudicare, ut quia matrimonialis ... Et tunc confessio non tollit praesumptionis iuris et de iure » [114].

Cette raison explique aussi pourquoi nous, en vue d'éviter le danger que les conjoints confessent de commun accord contre la validité du lien matrimonial, n'admettons pas la théorie qui admet comme preuve du contraire la confession de la partie qui défend la validité du lien conjugal, tandis qu'elle rejette la confession de la partie qui défend la nullité du lien matrimonial [115]. D'ailleurs, bien qu'il y ait selon cette théorie une plus grande possibilité d'obtenir la verité, elle n'exclut pas complètement le danger de simulation commune [116].

Pour les mêmes raisons donc avec lesquelles nous avons réfuté l'admission de la confession contre la présomption juris et de jure, nous nous voyons obligé de nous prononcer contre l'admissibilité de cette forme spéciale de confession [117].

Réduisant encore plus le problème, nous pouvons nous poser la question suivante: étant donné que nous n'acceptons pas

---

[113] Opinions, contraires: PETRUS D'ANCARANO, *Super quarto et quinto decretalium facundissima commentaria,* ad c. 15, X. 4, 1, n. 7; BARBOSA A.: *Collectanea doctorum tam veterum quam recentiorum in ius pontificium universum,* t. 2, 494; MASCARDI J.: *Conclusiones,* concl. 1027, n. 4, fol. 361.

[114] ANT. DE BUTRIO: *In librum quartum decretalium commentarii,* t. 6, ad c. 30, X. 4, 1, fol. 14, col. 1.

[115] COVARRUVIAS D.: *In quartum decretalium epitome,* pars 1, cap. 4, par. 1, n. 3, fol. 10; COVARRUVIAS D.: *Opera omnia,* pars 1, cap. 4, n. 4, 137.

[116] BARBOSA A.: *Collectanea,* t. 2, 494.

[117] ANT. DE BUTRIO: *o. c.,* ad c. 5, X. 4, 13, n. 8: « Obstat 2 quia videtur quod vi solius confessionis sit matrimonium separandum, quia confitenti contra se statur cum confessus pro condemnato habeatur. Solutio: Solvit haec glos. dupliciter. Uno modo quod speciale fit in matrimonio ut confitenti non credatur et hoc ne colludant se invicem coniuges et quia haec materia non est dependens a consensu, et sic nec a confessione, ut hic. Secundo quia ideo aut confessio fit per eum, qui stat pro matrimonio, et praeiudicat. Gl. non stat in isto, sed dicit quod neutri creditur quia hoc est speciale in matrimonio ».

de preuves du contraire même pas la confession unilaterale, ou bilatérale, auxquelles on fait appel après l'acte cojugal, comment prétendre ou défendre la validité de la présomption du lien conjugal si l'acte charnel a été précédé de la protestation de l'une des deux ou des deux parties, qu'elles n'ont pas eu la moindre intention de se connaître charnellement animo uxorio c'est à dire d'échanger le consentement de praesenti au moment et par l'acte conjugal?

Si le mariage est vraiment une conjecture du lien conjugal à base de certains signes et indices, nous ne voyons plus comment justifier cette conjecture si la base est privée de toute probabilité en faveur de la présomption par une manifestation explicite de volonté contraire [118]. Dans ce cas limite, il nous semble plus juste de parler avec Godfroy de Trani de 'fictio juris', qui est une 'adversus veritatem juris dispositio' [119] et de par sa nature n'admet pas de preuves du contraire. Vouloir défendre à tout prix que même dans ce cas les 'conjoints' ont renoncé à la protestation et ont échangé le consentement de praesenti, comme le fait Joh. de Fribourg [120] nous semble un peu exagéré.

La majorité [121] des auteurs préféré parler aussi dans ce cas limite, de présomption juris et de jure, justifiant leur théorie par le principe qu'une règle générale oblige aussi un cas particulier où l'application n'est pas justifiée [122]. D'ailleurs comme l'acte conjugal fait présumer la résiliation d'une condition impossible, ainsi elle fait présumer la résiliation de la protes-

---

[118] PETRUS D'ANCHARANO: *Super quarto decretalium faccundissima commentaria,* ad c. 15, X. 4, 1, n. 7: « Il nous dit ' Quaerit J. Andrea si illi qui contraxit per verba de futuro, cognoscat ipsam postea protestando, quod eam cognoscit non animo consumandi matrimonium, sed ex mera libidine, quod hoc casu ista protestatio impediat illud matrimonium praesumptum: quia contra praesumptionem iuris et de iure admittitur confessio in contrarium ».

[119] ANT. DE BUTRIO: *In librum quartum decretalium commentarii,* t. 6, ad c. 32, X. 4, 1, n. 2: « Est in his casibus praesumptio iuris et de iure immo fictio quae non admittit probationem in contrarium ». Comparez ABBAS PANORMITANUS: *Commentarium in quartum et quintum decretalium librum,* t. 7, ad c. 32, X, 4, 1, n. 3-4.

[120] « Quamvis probat protestationem praedictam, tamen potuit postea recedere ab illa voluntate et consentire in illam. *Ad Summam S. Raymundi commentarii,* 1619, 513.

[121] ANT. DE BUTRIO: *o. c.,* ad c. 6, X. 4, 5, n. 7; ABBAS PANORMITANUS: *o. c.,* ad c. 6, X. 4, 5, n. 6; DURANDUS G.: *Speculum,* pars III, lib. 4, cond. appos. 492. Comparez ESMEIN A. - GENISTAL: *Le mariage,* 440.

[122] BARBOSA A.: *Collectanea,* t. 2, 494, n. 10.

tation ou, si l'on veut, le changement de volonté: de la protestation au consentement:

> « Nam licet hic protestatus fuerit, quod non consentiebat in eam, vel non contrahere sed decipere intendebat, non proficit sibi quia non subest iusta causa protestationis, unde per contrarium factum renunciare intelligitur protestationi (Innocentius IV).
> Sed tunc non prodest sibi protestatio: quia non admittitur protestatio in contrarium » (Jean de Andrea)[123].

Si jusqu'ici nous nous sommes prononcés toujours pour l'inadmissibilité de la preuve du contraire contre la présomption du lien conjugal, il est évident que nous parlions des preuves du contraire vraies, directes, c'est à dire des preuves contre la présomption du lien conjugal, et non des preuves du contraire indirectes, c'est à dire des preuves qui sont alléguées pour prouver le manque d'un élément requis pour que la présomption se justifie. Ces preuves indirectes, en opposition aux preuves directes, sont toujours admises[124], car si la loi exige certains éléments pour la validité de la présomption il est évident que les preuves de l'absence d'un élément ne peuvent être exclues[125].

b. *L'Ignorance et la présomption conjugale*

Une question fort peu étudiée par les auteurs est la question de la validité de la présomption conjugale en cas d'ignorance

Si Ant. de Butrio se pose la question explicitement en cas de 'ignorantia juris', Innocent IV nous parle indirectement de ce problème pour le cas de 'ignorantia facti'.

1) *Ignorantia iuris.*

Ant. de Butrio nous dit que l'ignorantia iuris de la loi, qui prescrit que des fiançailles, ou la desponsatio conditionnée, suivies de l'acte conjugal, font présumer la formation du lien

---

[123] INNOCENT IV: *In quinque libros decretalium commentaria accutissima,* ad c. 25, X. 4, 1, p. 556; JEAN DE ANDREA: *In quartum decretalium librum commentaria accutissima,* ad c. 15, X. 4, 1, n. 4; COVARRUCIAS D.: *Opera omnia,* pars 1, cap. 4, par. 1, n. 18, fol. 15.

[124] MARIANI SOCINI: *Aurea ac pene divina,* ad c. 30, X. 4, 1, n. 56, 155; BARBOSA A.: *Collectanea,* n. 9, 494; MASCARDI J.: *Conclusiones.* concl. 1024.

[125] SANCHEZ T.: *De sancto matrimonio,* lib. 7, disp. 37, n. 33, 112.

conjugal, n'excuse pas de la présomption [126]. Pourtant il nous semble fort difficile de réconcilier l'ignorantia iuris de la loi de la présomption avec la base qui justifie la présomption: si quelqu'un ne sait vraiment pas que les relations sexuelles en certaines circonstances font présumer le lien conjugal il est peu probable qu'il effectue les relations sexuelles 'animo uxorio'. Plus acceptable nous semble la position de T. Sanche [127], qui dit que l'ignorantia iuris n'excuse pas de la loi dans le cas où il s'agit d'une loi claire et évidente à tout le monde; mais quand il s'agit d'une loi discutée entre les auteurs, on ne peut pas soutenir l'obligation de la loi malgré l'ignorantia iuris.

2) *Ignorantia facti*

Tout autre nous semble la question dans le cas d'Ignorantia facti', p. e. si quelqu'un avait des relations sexuelles avec sa fiancée sans la reconnaître, ou bien quand quelqu'un, après la cessation à son insu de l'empêchement, a des relations sexuelles avec la personne avec laquelle il vivait consciemment dans un 'mariage' inefficace à cause d'un empêchement.

Avec G. Michiels nous pouvons dire:

« Ignorantia facti inculpabilis tum in foro interno, tum in foro externo ab obligatione legis excuset; ad illam ignorantiam sane referuntur adagia semper et ubique in jure admissa, quod " regula est juris ... facti ignorantiam non nocere " Ignorantia facti non juris excusat » [128].

Innocent IV semble plutôt de l'avis contraire:

« Ex quo copula intervenit, sive ignoret mortuam priorem uxorem, sive non, ratificantur priora sponsalia: quia bene praesumitur quod ex quo timore peccati recessit ab ea si postea redit ad eam, cum sine peccato non potest ei cohabitare, quod matrimonialiter ei cohabitaret » [129].

---

[126] ANT. DE BUTRIO: *In librum quartum decretalium commentarii*, t. 6, ad c. 15, X. 4, 1, n. 8: « Quaero an ignorantia iuris ergo hoc quod copula faciat sponsalia transire in matrimonium vitiet matrimonium, dic quod non, immo valet matrimonium.

[127] SANCHEZ T.: *o. c.*, lib. 5, disp. 3, n. 13, 300. « *Immo ignorantia huius iuris excusat in foro externo, quia ignorantia juris non excusat, quando est jus clarum et omnibus notum ... secus quando jus est obscurum et in quo ipsi DD. varios professi sunt* ».

[128] *Normae Generales juris canonici,* vol. 1, Paris, Tournai, Romae, 1949².

[129] *In quinque libros decretalium commentaria,* ad c. 7, X. 4, 7, ad verbum 'cohabitavit' 565.

Une raison de caractère moral justifie dans une certaine mesure la présomption dans le cas où il a connaissance de la cessation du lien : malgré l'avis d'Innocent IV, il nous semble impossible de prétendre que quelqu'un, qui délaisse une femme pour éviter le péché dans lequel il vivrait s'il continuait à vivre avec elle, échangerait le consentement en effectuant l'acte conjugal sans savoir que l'empêchement du lien a cessé par la mort de l'épouse légitime.

2) *La présomption du lien matrimonial obligera-t-elle aussi au for interne ou se limitera-t-elle au for externe ?*

a. *Dans la conception originelle* introduite par Alexandre III dans la législation ecclésiastique, le problème ne se pose pas. Sa théorie conciliatrice entre la conception de la formation du lien conjugal de l'Ecole de Paris, n'attribue pas de valeur exclusive quant à la formation du lien conjugal à l'échange du consentement de praesenti. Le consentement de futuro tout en étant promesse de mariage, conserve une valeur dans le contrat du mariage, et réalise le lien quand il est actualisé dans le présent par l'acte conjugal. Comme le consentement de futuro *est* donc *le consentement matrimonial* qui réalise le lien conjugal quand il est actualisé au présent soit par l'échange explicite du consentement de praesenti soit par l'acte conjugal, le problème de l'obligation de ce lien au for interne ou externe ne se pose pas. Cette deuxième possibilité de la formation du lien conjugal, le mariage présumé dans sa conception originelle, est une expression aussi légitime du consentement conjugal que l'échange explicite du consentement de praesenti. Ainsi il est évident que le mariage présumé oblige au for interne comme au for externe, sans qu'il y ait possibilité d'opposition entre les deux fors, qui résulterait du fait de la présomption.

b. *Dans la conception évoluée (Huguccio, Grégoire IX).* Plus tard Huguccio priveé le consentement de futuro de toute valeur dans la formation du lien conjugal et toute la force de contracter le lien conjugal est mise dans l'échange du consentement de praesenti. Selon cette théorie, qui sera introduite dans le droit ecclésiastique, l'acte conjugal ne peut plus actualiser le consentement de futuro, mais seulement faire présumer qu'il a eu une expression de l'échange du consentement de praesenti. Dès lors se pose le problème de la tension possible entre ce qui existe en réalité et ce qui est présumé exister par le droit, et connexe à ce problème. la question de l'extension de la présomption au for interne on seulement au for externe. Tous les auteurs [130] sont d'accord pour limiter la présomption au for juridique, foro contentioso. Comme le consentement échangé entre les deux personnes est la cause du lien conjugal, elles sont seulement liées au for interne, foro conscientiae, quand l'acte conjugal a été effectué « animo uxorio » et a été réellement expression de l'échange du consentement de praesenti. Quand par contre l'acte conjugal subséquent aux fiançailles n'a pas été expression du consentement de praesenti, il n'y a pas lieu de parler de mariage.

> « Si vir fornicario affectu mulierem cognovit, non est in veritate matrimonium, nec debet remanere cum illa; sed potius excommunicationem pati : quam ecclesia ferre debet : quae stat pro matrimonio » [131].

Hostiensis, qui défendait pourtant cette théorie dans son commentaire du c. 30, X. 4, 1 :

> « praesumptum matrimonium vero praefertur in foro contentioso » [132],

change complètement sa position dans son commentaire du c. 7, X. 4, 5, où il défend que la présomption vaut aussi pour le for interne [133], position qui est critiquée par les autres décrétalistes :

> « in utroque foro parendum est Papae, qui potuit statuere, quidquid voluit in matrimonio non consummato, ut not in c. ex publico, de convers conjug. sed praecedentem opinionem approbat do. Ant. et illa mihi verissima, nam papa non potest supplere consensum, quo matrimonium contrahitur » [134].

---

[130] ANT. DE BUTRIO: *In librum quartum decretalium commentarii*, t. 6, ad c. 30, X, 4, 1, n. 8; JEAN DE ANDREA: *In quartum decretalium librum commentaria accutissima*, ad c. 30, X, 4, 1, n. 4; ABBAS PANORMITANUS: *Commentarium in quartum et quintum decretalium librum*, t. 7, ad c. 30, X. 4, 1, n. 7; PETRUS D'ANCARANO: *Super quarto decretalium facundissima commentaria,* ad c. 30, X. 4, 1, n. 1.
[131] PETRUS D'ANCARANO: *o. c.*, l. c.
[132] HOSTIENSIS: *Super quartum decretalium librum commentaria*, ad c. 30, X. 4, 1, n. 1.
[133] HOSTIENIS: *o. c.*, ad c. 7, X. 4, 5.
[134] ABBAS PANORMITANUS: *o. c.*, ad c. 30, X. 4, 1, n. 4; Comparez JEAN DE ANDREA: *o. c.*, ad c. 30, X. 4, 1, n. 4.

Chapitre III

LA SUPPRESSION DU MARIAGE PRESUME

A. La confusion entre le mariage présumé et le mariage clandestin

La théorie du mariage présumé a perdu sa stabilité au moment où on a quitté la conception originelle du mariage présumé; selon cette conception l'acte conjugal qui suit des fiançailles permet de présumer que le consentement de futuro est actualisé au présent. Alexandre III accepte ce type de mariage comme la deuxième possibilité de formation du lien conjugal [1]; Bernard de Parme la formule comme suit:

> « Consensus et forma sunt hic licet verba de futuro, quae per carnalem copulam subsequentem fiunt de praesenti praesumptive » [2],

et Hostiensis dit:

> « et carnalis copula verba de futuro trahit ad praesens tempus praesumptive » [3].

Quand les sponsalia de futuro ne sont plus considérées comme consentement actualisable au présent par l'acte matrimonial, mais comme simple promesse sans aucune valeur dans la formation du lien conjugal, on est obligé de placer la substance (le consentement) et la forme (l'extériorisation de ce consentement) dans l'acte conjugal.

Même si dans le Digeste nous lisons: « plus namque declaretur voluntas facto quam verbis » [4], nous constatons qu'il

---

[1] Cf. p. 42-45.
[2] Bernardus de Botono Parmensis: *Corpus juris canonici, Decretales,* glossa ad c. 30, X. 4, 1, ad verbum ' Contra praesumptionem '.
[3] Hostiensis: *Summa aurea,* lib. 4, de matrimonio, 289.
[4] D. 21, 1, 48, par. 3; D. 1, 3, 32, *Corpus iuris civilis,* Ed. Krüger.

est très bien possible que l'acte conjugal après des fiançailles soit affectué 'animo fornicario' et non 'animo uxorio', en d'autres mots qu'il n'a pas été l'expression de l'échange du consentement de praesenti. Il en découle que le lien conjugal présumé par le droit comme existant, n'existe pas en réalité parce que le consentement manque. Cet inconvénient du mariage présumé n'est pas très alarmant dans la formulation que cette théorie a reçue d'Huguccio:

> « In ipso coïtu potuit intervenire maritalis affectus et statim fiunt conjuges, nec possunt postea separari sicut fit in sponsis de futuro, inter quos interveniat carnalis commixtio, statim praesumitur esse matrimonium nec postea separari » [5].

Car

> « Sed nonne saepe consensus maritalis in ipsa commixtione intervenit inter aliquos qui primo non consenserant in conjugium? Utique in usu coïtu mariali affectu possunt consentire, sed nec tunc matrimonium facit coitus sed consensus interveniens » [6].

Selon cette théorie, en effet, il pourrait être remédié à la tension possible entre le lien présumé existant par le droit et inexistant en réalité, de deux façons: d'abord par une preuve indirecte, c. à. d. en alléguant que les fiançailles qui précèdent sont invalides ou que l'acte conjugal qui suit est imparfait; et ensuite par une preuve directe: « nisi probetur in contrarium » [7], p. e. confession au tribunal que l'acte conjugal était effectué 'animo fornicario'. Pour Huguccio la formation du lien coniugal est une présomption juris tantum.

Quand par contre le pape Grégoire IX traduit en termes huguciens la deuxième possibilité de formation du lien conjugal (élaborée et introduite dans la législation ecclésiastique par Alexandre III: Comp. Iª, c. 6 (8), 4, 4; [8] c 15, X. 4, 1; c.

---

[5] ROMAN J.: *Summa de Huguccio*, 751.
[6] ROMAN J.: *Summa de Huguccio*, 755; Comparez *o. c.*, 800-801: « Si vero amplius est processum scilicet ad consensum de praesenti vel ad carnalem commixtionem, remanebit cum secundo. Nam in ipso coitu, qui fit cum sponsa de futuro, praesumitur consensus de praesenti intervenire in extra, de illis ».
[7] ROMAN J.: *o. c.*, 763.
[8] FRIEDBERG E.: *Quinque compilationes antiquae*, Comp. Iª, c. 6 (8), 4, 4, 47.

3, X. 4, 5; [9], continuée par Urbain III c. 5, X. 4, 5 [10] et par Innocent III c. 14, X. 2, 32; c. 5, X. 4, 4; c. 6, X. 4, 5 [11]), il se voit obligé pour ne pas trahir la valeur de cette deuxième possibilité de formation du lien conjugal, de faire de la présomption une présomption juris et de jure. Une fois la présomption déclarée juris et de jure, son inconvénient se renforce de manière inquiétante; inconvénient qui est: l'opposition entre le lien conjugal présumé existant par le droit et inexistant en réalité, c. à. d. l'opposition entre le for juridique (le for externe) et le for interne.

Ce danger n'est pas passé inaperçu à l'attention des auteurs. Hostiensis nous dit:

> « appelatur ... praesumptum illud in quo etsi in veritate non consentiant contrahentes ecclesia tamen eos interpretatur consensisse ex aliquibus probabilibus conjecuris et ipsos distringit simul morari, ac si consensissent, *in quo ecclesia plerumque fallit et fallitur* » [12]

Pour cette raison Ant. de Butrio décrit cette institution comme une « institutio periculosa »:

> « Namsi judicabitur matrimonium in foro contentioso, possibile quod est, licet intercedat copula, non consentiret in matrimonium. Nam licet quoad metus fori contentiosi possit fingere consensum, non tamen potest facere vere et naturaliter obligetur. Unde videtur haec institutio periculosa propter hoc Hostiensis vult redarguere Papam quod melius fecisset statuere, quod talis congnoscens non posset contrahere cum alia, etsi contraheret non esset matrimonium: quam statuere quod statim inter istos esset matrimonium [13].

Plus catégorique encore est Raymond de Peñafort, qui ne refuse pas seulement l'acceptation du mariage présumé en cas des fiançailles simulées:

> « deest substantia matrimonii » [14] mais exige en plus que:
> « Verum tamen si loqui possunt contrahentes, necessaria sunt verba quantum ad Ecclesiam mutuum exprimentia est » [15].

---

[9] Cf. 46-47.
[10] Cf. 49.
[11] Cf. 50-51.
[12] Hostiensis: *In quartum decretalium librum commentaria,* ad c. 30, X. 4, 1, n. 1.
[13] Ant. de Butrio: *In librum quartum decretalium commentarii,* t. 6, ad c. 30, X. 4, 1, n. 8.
[14] Raymundus de Peñafort: *Summa,* lib. 4, par. 4, 512.
[15] Raymundus de Peñafort: *o. c.,* 511.

Ce texte est commenté par Jean de Fribourg:

> « Ibi dicitur quod matrimonium contrahitur ut plurimum per consensum viri et mulieris: sed verba de praesenti illum consensum exprimentia sunt necessaria quoad Ecclesiam »[16].

Comme il refuse que les personnes qui savent parler contractent un mariage « quoad Ecclesiam » sans paroles, il est évident qu'il refuse tout mariage présumé.

En dépit de cette méfiance, de cette antipathie même, que le mariage présumé rencontre dès ses premiers pas, il connaîtra, comme nous l'avons démontré au chapitre précédent, une élaboration et une application monumentale. Non seulement on a cherché à trouver à côté des relations sexuelles subséquentes aux fiançailles, d'autres actes, qui pourraient justifier la conjecture de la formation du lien conjugal, p. e. cohabitation, traductio in domum, arrha, oscula, mais on a cherché aussi d'autres circonstances qui pourraient équivaloir aux fiançailles pour former avec l'acte conjugal subséquent, ou avec un autre signe de la continuation de la même volonté une base suffisante à la conjecture du lien conjugal: p. e. l'échange du consentement de praesenti explicite, mais vicié par un défaut de la volonté nécessaire, soit que ce consentement a été forcé, soit qu'il a été simulé; ou encore l'échange du consentement de praesenti explicite, mais vicié par un empêchement public ou secret; ou encore l'échange du consentement explicite sous condition.

Nous avons constaté que le droit ecclésiastique a généralement accepté l'acte conjugal après des fiançailles comme élément complémentaire pour constituer la base conjecturale de la présomption du lien conjugal, et qu'après d'autres « relations » entre futurs époux, il a accepté même la cohabitation libre, le baiser, comme une base conjecturale suffisante pour la formation du lien conjugal.

Tandis que les limites de l'application de la théorie du mariage présumé se sont continuellement élargies, la confusion entre le mariage présumé et le mariage clandestin devient toujours plus profonde. Jean de Andrea arrive à les prendre comme équivalents:

> « Tamen, aliquibus praesentibus: alias incongrue sequeretur littera Innoc. dixit Host. c. Loqui de clandestina quae testibus

---

[16] Raymundus de Peñafort: *o. c.*, l. c.

> probari non potest intelligens quod carnalis copula dicebatur intervenisse » [17].

Finalement, en raison de cette confusion entre ces deux institutions, le mariage présumé sera supprimé, par le concile de Trente, dans le décret 'Tametsi' c. 1, de reformat. matrim. sess. 24, qui supprime explicitement le mariage clandestin :

> « Tametsi dubitandum non est, clandestina matrimonia ... rata et vera esse matrimonia ... ecclesia ex iustissimis causis illa semper detestata est atque prohibuit. Verum, ... prohibitiones illas propter hominum inoboedientiam iam non prodesse ... nisi efficacius aliquod remedium adhibeatur ... . Qui aliter, quam presente parocho, vel alio sacerdote de ipsius parochi seu ordinarii licentia et duobus vel tribus testibus matrimonium contrahere attentabunt, eos sancta synodus ad sic contrahendum omnino inhabiles reddit, et huiusmodi contractus irritos et nullos esse decernit, prout eos praesenti decreto irritos facit et annullat » [18].

1. *L'Opposition entre le for externe et interne, raison de la confusion entre le mariage présumé et le mariage clandestin.*

a. Nous devons admettre que cette possibilité d'opposition entre le for externe et interne est un aspect caractéristique du mariage présumé selon la conception évoluée (Huguccio et Grégoire IX). Mais nous affirmons avec grande fermeté que cette possibilité d'opposition entre le for externe (qui présume le lien matrimonial vu que l'acte conjugal suivant des fiançailles est considéré comme expression de l'échange du consentement de praesenti entre les fiancés) et le for interne (pour qui ce lien conjugal n'existe pas vu qu'en réalité l'acte conjugal n'a pas été l'expression de l'échange du consentement de praesenti) n'existe pas dans la conception originelle du mariage présumé, élaborée et introduite dans le droit ecclésiastique par Alexandre III, et continuée par Urbain III et Innocent III [19].

Selon eux le lien conjugal est réalisé par le consentement des fiançailles, qui tout en étant promesse de mariage, sont aussi le consentement conjugal, cause du lien conjugal, quand il a été actualisé au présent par l'acte conjugal. Il n'y a donc

---
[17] Jean de Andrea: *In quartum decretalium librum commentaria accutissima*, ad c. 1, X, 4, 3, n. 1 ad verba 'Si quis clam'.
[18] H. de Andrea: *Canones et decreta*, 216-217.
[19] Cf. notes 9-11.

aucun danger qu'à cause de la présomption un lien existant au for externe ne le soit pas aussi au for interne.

Par cette affirmation nous ne voulons pas dire que toute possibilité de tension entre le for externe et le for interne soit exclue, mais bien qu'il n'y a pas davantage de danger d'opposition dans le cas du lien conjugal présumé, que dans le cas où le lien se réalise par l'échange explicite du consentement de praesenti.

En effet, comme le mariage dans ce dernier cas peut être vicié par une simulation ou un empêchement dirimant, ainsi le lien conjugal ne se réalisera pas, et par conséquent il aura opposition entre le for externe et le for interne, quand au premier cas le consentement de futuro est simulé ou si la formation du lien est viciée par un empêchement dirimant.

b) A l'encontre de cette conception originelle, Huguccio considère le consentement des fiançailles uniquement comme une promesse de mariage sans aucune valeur dans la formation du lien conjugal:

> « Si vero desponsatio de futuro interveniat inter aliquos non hoc est inter eos conjugium et etsi proprie dicuntur i. e. promissi et hoc proprie dicitur desponsatio sive sponsalia, quae sunt mentio et repromissio futurarum nuptiarum »[20];

Il attribue cette valeur formatrice du lien au consentement de praesenti présumé échangé dans les relations sexuelles, dans le cas où l'acte conjugal a suivi les fiançailles,

> « Sed nonne saepe consensus maritalis in ipsa commixtione intervenit inter aliquos, qui primo non consenserant in conjugium? Utique in usu coitu maritali affectu possunt consentire sed tunc matrimonium facit non coitus sed consensus interveniens »[21].

Donc la possibilité de tension est inévitable entre les fors externe et interne c'est à dire la possibilité qu'à base de certains indices, l'échange du consentement de praesenti est présumé existant, tandis qu'en réalité les fiancés n'ont pas échangé le consentement de praesenti et que par conséquent, le lien n'existe pas.

Dans la conception d'Huguccio pourtant cet inconvénient n'était pas suffisanmment grand pour inquiéter les auteurs, puisqu'il était très facile de remédier à cette tension. Huguc-

---

[20] ROMAN J.: *Summa de Huguccio*, 800-801.
[21] ROMAN J.: *o. c.*, 755.

cio en effet considérait cette présomption, comme nous l'avons dit plus haut, non-irréfutable; « nisi probetur in contrarium »[22]. En cas de présomption erronée, les époux présumés étaient libres de démontrer l'erreur, soit en affirmant qu'ils n'avaient pas effectué l'acte conjugal animo uxorio, soit en prouvant que les fiançailles, un des deux éléments de la base conjecturale, faisaient défaut (preuves directes du contraire) ou bien que les fiançailles n'étaient pas de vraies fiançailles, qu'elles avaient été rompues, ou que l'acte conjugal n'avait pas été parfait. (preuves indirectes du contraire).

c. La difficulté de recourir à cette tension entre le for juridique et le for interne augmente remarquablement quand le pape Grégoire IX, qui traduit en terminologie huguciennne la deuxième possibilité de contracter le mariage, introduite par Alexandre III dans le droit ecclésiastique, se voit obligé, pour ne pas trahir la valeur de cette possibilité de contracter le mariage, de déclarer la présomption juris et de jure, sur la base des fiançailles suivies de l'acte conjugal.

> « Is qui fidem dedit M. mulieri super matrimonium contrahendo, carnali copula subsecuta, etsi in facie ecclesiae ducat aliam et cognosca, ad primam redire tenetur, quia, licet praesumptum primum matrimonium videatur contra praesumptionem tamen huiusmodi non est probatio admittenda. Ex quo sequitur, quod nec verum, nec aliquod censetur matrimonium, quod de facto est postmodum subsecutum »[23].

La seule possibilité de remédier à une opposition entre le for externe et le for interne est la preuve indirecte du contraire. Si nous admettons que le mariage présumé, soit selon la conception de Huguccio, soit selon la conception de Grégoire IX, est caractérisé par une possibilité de tension entre le for juridique et le for interne, la différence entre cette possibilité d'opposition entre le for juridique et le for interne et celle qui résulte du mariage clandestin, n'échappe cependant pas à notre attention. Si nous parlons de l'opposition possible entre les deux fors à cause du mariage présumé, il est évident que cette tension a lieu autour d'un seul lien conjugal, c. à. d. que l'Eglise, se basant sur une base suffisante se prononce au for juridique pour l'existence du lien conjugal, tandis qu'en réalité, vue l'absence du consentement le lien con-

---

[22] ROMAN J.: *o. c.*, 763.
[23] FRIEDBERG E.: *Corpus iuris canonici*, par 2.

jugal ne s'est pas réalisé au for interne. L'opposition entre le for juridique et le for interne à cause de la clandestinité est, par contre, une opposition qui se déroule entre deux liens conjugaux: l'un, que l'Eglise non judicat; et l'autre en faveur duquel l'Eglise se prononce parce qu'il est contracté in *facie ecclesiae*. En d'autres mots, si l'opposition entre le for juridique et le for interne, en raison de la présomption se réfère au lien entre Albert et Marie, qui par l'Eglise est jugé existant, tandis qu'en réalité il n'existe pas vu le manque de consentement, l'opposition entre le for juridique et le for interne en raison de la clandestinité se réfère au lien entre Albert et Marie (lien occulte) et au lien entre Albert et Lea (contracté in facie ecclesiae) jugé valide.

En imposant maintenant la forma canonica l'église supprime la validité du mariage occulte, supprime le lien entre Albert et Marie, et prévient ainsi l'opposition entre le lien occulte entre Albert et Marie et le lien facie Ecclesiae entre Albert et Lea. Mais cette forma canonica ne nous donne aucune garantie contre l'opposition possible entre le for externe et le for interne au cas où elle résulte de la présomption, étant donné qu'il y a toujours possibilité même dans le mariage contracté en forme canonique que la vérité n ecorresponde pas aux apparences, soit, à cause d'une simulation, soit à cause d'un empêchement dirimant.

Par cette affirmation nous n'avons pas du tout l'intention de mettre sur le même pied le mariage présumé et le mariage en forme canonique, mais bien d'affirmer que la confusion entre le mariage présumé et le mariage clandestin à cause du fait que tous les deux sont cause d'une opposition possible entre le for juridique et le for interne, manque de fondement si on considère de plus près cette opposition possible entre le for interne et le for externe qui est autre dans le mariage présumé, autre dans le mariage clandestin. Partant de cette différence de tension entre le for interne et le for juridique nous ne pouvons pas justifier l'équivalence entre le mariage présumé et le mariage clandestin, comme nous pouvons la trouver chez Jean de Andrea sur base du manque de témoins:

> « Tamen aliquibus praesentibus: alias incongrue sequeretur littera. Innoc. dixit Host. c. loqui de clandestina, quae testibus probari non potest, intelligens quod carnalis copula dicebatur intervenisse » [24].

---

[24] JEAN DE ANDREA: In quartum decretalium librum commentaria accutissima, ad c. 1, X. 4, 3, n. 1, ad verba « Si quis clam ».

2. *Le manque de démontrabilité au for externe, deuxième raison de la confusion entre le mariage présumé et le mariage clandestin.*

Si nous avons affirmé que la tension entre le for interne et le for externe qui résulte souvent, *et* du mariage présumé, *et* du mariage clandestin, ne justifie pas *une simple confusion* entre les deux, nous sommes convaincus que le manque de démontrabilité, qui semble un autre élément commun aux deux institutions, ne justifie pas non plus une simple confusion entre les deux, quoiqu'en dise Jean de Andrea dans le texte mentionné plus haut. En effet, ni la conception du mariage présumé ni celle du mariage clandestin ne sont uniformes, sur ce point.

a. *Conceptions différentes du mariage présumé*

1. *La conception originelle*

Tout d'abord, nous devons constater que cette confusion entre le mariage clandestin et le mariage présumé dans sa conception originelle ne se justifie pas. Le mariage présumé selon cette conception se réalise seulement pour autant que les éléments de la base conjecturale sont prouvés. C'est seulement s'il est prouvé in foro juridico que des fiançailles ont précédé un acte conjugal parfait, qu'on peut parler de mariage présumé, étant donné que la présomption est une institution d'ordre juridique. Si ces deux éléments, que nous pourrions considérer comme 'forma', ne se vérifient pas, le mariage présumé n'existe pas. Certes ce lien présumé pourrait être vicié par une simulation, ou par un empêchement, de sorte que la présomption ne correspondrait pas à la vérité. Ceci ne veut pas dire que ce mariage présumé est un mariage clandestin, comme on ne peut pas dire que le mariage en forme canonique serait clandestin, s'il était vicié par une simulation, ou par un empêchement dirimant.

D'ailleurs, si le mariage clandestin a depuis toujours [25] été déconseillé et défendu, nous ne remarquons pas d'antipathie contre le mariage présumé dans sa forme originelle, à part évidemment la discussion entre l'Ecole de Bologne, représentée par Gratien

---

[25] Rosset M.: *De sacramento matrimonii*, t. 4, n. 2070, Gismondi P.: *La forma nel matrimonio canonico fino al concilio di Trento*, Atti del Congresso Int. diritto canonico, 4 (1948) 384, 385, 387.

> « Matrimonium sponsali conventione initiatur, conditione perficitur » [26].

et l'Ecole de Paris représentée par Pierre Lombard:

> « Consensus non quilibet sed per verba expressus nec de futuro sed de presenti est causa efficiens matrimonium » [27].

Au contraire la formation du lien conjugal sur la base du consentement de futuro actualisé au présent par l'acte conjugal parfait était considérée par Roland Bandinelli, plus tard pape Alexandre III, comme une manière de contracter mariage, aussi *légitime* que la formation du lien conjugal par l'échange du consentement de praesenti.

A l'objection que ce consentement devait précisément être énoncé dans un certain cadre, avec certaines formalités pour éviter qu'il soit clandestin — ce qui serait le cas d'un mariage présumé, vu que ces formalités font défaut — nous voulons répondre que ce serait vrai si le mariage présumé ne prenait pas naissance et publicité dans l'échange du consentement de futuro, qui lui non plus ne pouvait pas être échangé sans certaines formalités. D'ailleurs cette distinction nette entre fiançailles et mariage, entre consentement de futuro et consentement de praesenti était inconnue. On parlait plutôt de desponsatio de praesenti et desponsatio de futuro, concept qui ne se limite pas à une simple promesse de mariage, mais qui conserve en dehors de cette valeur de promesse de mariage une valeur dans la formation du lien conjugal. Si une desponsatio de praesenti clandestine était prohibée mais créait néanmoins le lien conjugal, nous ne pouvons pas dire de la desponsatio clandestine de futuro actualisée par l'acte conjugal parfait, qu'elle crée le mariage présumé, en tant que cette présomption se vérifie seulement quand les fiançailles et l'acte conjugal sont prouvés. On pourrait nous faire l'objection que Pierre Lombard, continuant la doctrine de Hugues de Saint Victor, et à sa suite l'Ecole de Paris, nous ont déjà fourni la distinction nette entre desponsatio de futuro, promesse de mariage sans aucune influence dans la formation du lien conjugal, et desponsatio de praesenti qui réalise le lien conjugal. En réponse à cette objection nous voulons renvoyer au premier chapitre

---

[26] Friedberg E.: *Corpus juris canonici*, pars 1, c. 37, C. 27, q. 2: c. 35, C. 27, q. 2; c. 39, C. 27, q. 2.
[27] Quattuor libri sententiarum, lib. 4, D. 27, c. 3, 917.

où nous avons schematisé l'évolution de cette distinction, comment elle est élaborée et défendue par l'Ecole de Paris, mais rejetée par l'Ecole de Bologne, et comment Roland Bandinelli a réconcilié ces positions. Roland Bandinelli conçoit la desponsatio de futuro comme une promesse de mariage sans pourtant la priver de toute valeur dans le contrat de mariage.

2. *La conception d'Huguccio*

Si nous avons nié, sur la base du manque de démontrabilité, la justification de la confusion entre le mariage clandestin et le mariage présumé selon la conception originelle, le problème devient plus complexe si nous considérons à partir du même critère la confusion entre le mariage clandestin et le mariage présumé selon la conception de Huguccio. N'attribuant plus de valeur dans le contrat du mariage au consentement de futur, simple promesse du mariage, il considère comme cause efficiente du lien conjugal le consentement de praesenti, présumé échangé dans l'acte conjugal.

Bien qu'ici aussi des *fiançailles prouvées* doivent précéder un acte conjugal parfait, il reste néanmoins *une certaine clandestinité*; car, même si la promesse de mariage (les fiançailles) est prouvée — on a observé les formalités prescrites — elle ne favorise en rien la publicité du lien conjugal, puisque le consentement de futuro n'entre dans la formation de ce lien que comme élément partiel de la base conjecturale. Pourtant nous ne pouvons pas dire qu'il s'agit d'une simple clandestinité; le mariage exige la certitude que des fiançailles valides ont précédé un acte conjugal parfait, il en découle donc une possibilité de *preuve probable*.

3. *La conception de Grégoire IX*

Le mariage présumé selon la conception du pape Grégoire IX, qui change seulement la présomption juris en présomption juris et jure, jouit de la même clandestinité relative, dont jouit le mariage présumé selon la conception de Huguccio.

b. *Conceptions différentes du mariage clandestin*

L'étude des différentes conceptions du mariage présumé sous l'aspect de la démontrabilité nous a montré avec combien de prudence nous devons procéder dans le cas d'une confusion entre le mariage présumé et le mariage clandestin sous cet aspect de démontrabilité. Nous verrons maintenant que les différentes conceptions du mariage clandestin nous obligent encore à une plus grande prudence pour éviter d'exagérer ou de sousestimer cette confusion.

Quand nous interpelons les décrétalistes et les juristes au sujet de la notion du mariage clandestin, nous pouvons réduire presque toutes les conceptions à une des suivantes:

— Ou bien le mariage clandestin est un mariage qui a été contracté sans les formalités prescrites;
— Ou bien il est un mariage qui a été contracté sans la présence de témoins;
— Mariage clandestin encore le mariage qui est contracté sans la permission de l'évêque;
— Quand le mariage est contracté sans les bans il est aussi appelé mariage clandestin [28].

Une confusion entre le mariage présumé et le mariage clandestin se justifie donc si par mariage clandestin on comprend un mariage contracté sans les formalités prescrites ou sans témoins; elle ne se justifie plus quand le mariage clandestin est pris pour un mariage contracté sans la permission de l'évêque ou sans l'observance des publications prescrites, car défendre qu'un mariage est présumé ne veut pas dire qu'il s'agit d'un mariage conclu sans la permission de l'évêque ou sans les bans prescrits. Cette permission et ces publications peuvent aussi précéder l'acte conjugal, qui suit aux fiançailles et fait présumer la formation du lien conjugal.

Une grande prudence est donc conseillée de peur de confondre le mariage clandestin avec le mariage présumé sur la base de l'opposition entre le for externe et le for interne; d'autre part, une *confusion simpliste* entre le mariage présumé et le mariage clandestin sur la base d'un défaut de la demontrabilité ne se justifie pas. Nous nous voyons mis en garde encore davantage, contre une simple confusion des deux genres de mariage si nous considérons les formes particulières d'application du mariage présumé. En quelle mesure, en effet, peut-on dire, qu'un mariage présumé à partir de l'échange du consentement de praesenti, observant toutes les formalités, mais vicié par un empêchement dirimant, suivi par l'acte conjugal, est un mariage clandestin?

---

[28] HOSTIENSIS: *Summa aurea,* lib. 4, fol. 296; PIRHING E.: *Jus canonicum,* lib. 4, t. 3, 60-61; GISMONDI P.: *La forma nel matrimonio,* 404-405, n. 15.

Prenant en considération tous ces éléments, il nous paraît simpliste d'affirmer que le mariage présumé a été supprimé au concile de Trente par le décrét 'Tametsi':

> « Qui aliter quam praesente parocho, vel alio sacerdote de ipsius parochi seu ordinarii licentia, et duobus vel tribus testibus matrimonium contrahere attentabunt, eos sancta synodus ad sic contrahendum omnino inhabiles reddit et huiusmodi contractus irritos et nullos esse decernit prout eos praesenti decreto irritos facit et annullat » [29].

B. La suppression du mariage présumé par le décrét 'Tametsi' c. 1, de reformation matrimonii sess. 24 du concile de Trente.

A. *En général*

Avant de chercher une solution de ce problème, nous voulons délimiter avec plus de précision ce que nous trouvons dans 'Tametsi'. Contre Gismondi dans son article « La forma nel Matrimonio canonico fino al concilio di Trento » [30], nous voulons affirmer avec P. Rasi dans son article « La formalità nella celebrazione del matrimonio, ed il concilio di Trento » [31] que Gismondi a confondu la 'forma' avec la 'formalità', ou mieux qu'il a confondu la forme au sens philosophique avec la forma au sens juridique. En effet, quand l'auteur Gismondi affirme :

> « Non è dubbio che un atto non sussiste senza forma di contegno attraverso la quale sia riconoscibile per cui è stato esattamente rivelato che 'atti non formali nel senso che non ne sia affatto regolata la forma non esistono » [32].

nous pouvons immédiatement entrevoir la confusion qu'il fait entre la forme au sens philosophique et la forme juridique. Si son énoncé est exact quand il s'agit de la « forma philosophica », il est erroné quand il s'agit de la « forma juridica », car même l'absence de la forma juridica n'empêche pas que le mariage « potrebbe avere una rivelanza esteriore » [33] et sortir

---

[29] H. de Andrea: *Canones et decreta*, 217.
[30] Atti del congresso int. diritto canonico, 4 (1948).
[31] Rivista di storia del diritto Italiano, 27 (1954).
[32] *La forma nel matrimonio*, 398.
[33] *O. c.*, 398.

de « pure fenomeno psichico »³⁴, bien que il n'aurait pas une « rivelanza juridica ».

A juste raison donc P. Rasi³⁵ replique avec Hostiensis que le mariage a, selon l'expression de Gismondi, « une rivelanza esteriore »³⁶; si dicunt consensimus », car 'solum consensum requirit Ecclesia quoad essentiam matrimonii'³⁷. L'Eglise a toujours insisté sur l'expression du consentement de praesenti par des paroles au présent uniquement, comme nous le dit clairement P. Rasi, pour accentuer la différence entre le mariage et les fiançailles et non parce que ces paroles seraient la forma au sens philosophique, qui donne son existence au consentement de praesenti :

> « Errato secondo noi è però ritenere che si parlasse di verba de praesenti come una formalità necessaria; se ne parlava solo come realizzazione di un consensus (sponsalia) de praesenti, in contrapposto ai verba de futuro che realizzano un consensus (sponsalia) de futuro »³⁸.

La doctrine de Pierre Lombard nous semble caractéristique quant à cette nécessité non-absolue des paroles. Il formule ainsi sa doctrine sur la formation du lien conjugal :

> « Consensus non quilibet sed per verba expressus nec de futuro sed de praesenti est causa efficiens matrimonii »³⁹.

Bien qu'il dit « Consensus non quilibet sed per verba expressus », nous savons par la d. 27, c. 3, qu'il n'attache pas aux « mots » une valeur exclusive, de sorte que le consentement de praesenti pourrait être exprimé également par des signes⁴⁰.

Nous basant sur la doctrine d'un grand nombre d'auteurs⁴¹ nous souscrivons les mots de P. Rasi :

---

³⁴ *O. c.*, l. c.
³⁵ *Le formalità nella celebrazione del matrimonio.*
³⁶ GISMONDI P.: *La forma nel matrimonio*, 398.
³⁷ HOSTIENSIS: *Summa aurea*, lib. 4, par. qualiter contrahatur, n. 10, fol. 288.
³⁸ *Le formalità nella celebrazione del matrimonio*, 192.
³⁹ *Quattuor libri sententiarum*, lib. 4, D. 27, c. 3, 917.
⁴⁰ *O. c.*, lib. 4, D. 27, c. 3, 917.
⁴¹ HOSTIENSIS: *Summa aurea*, lib. 4, par. qualiter contrahatur, n. 10, fol. 288; « Mihi videtur quod solum consensum requirit ecclesia, quoad essentiam matrimonii unde sufficit si dicant consensimus: infra de clam desp. quod vobis: verba autem requiruntur ad hoc ut consensus probetur; sed et si verba deficiant sufficere debent signa etiam

> « Riteniamo in altre parole che i verba de praesenti fossero una necessità pratica più che giuridica *per fornire la prova che il vincolo matrimoniale si era perfezionato* » [42].

D'ailleurs Gismondi lui-même admet la difficulté de sa doctrine dans le cas des mariages entre muets, contractés validement par des signes et dans le cas des mariages entre absents, contractés validement par un procurateur:

> « Quanto alla validità dei matrimoni contratti per signa dai muti e dai sordi e quelli fra persone lontane per mezzo di procuratore, come ho già detto trattasi di un'eccezione pienamente spiegabile, dal punto di vista giuridico, quale norma di diritto singolare imposta da necessità di carattere morale e pratico enunciate dalla stessa decretale di Innocenzo III: non debeat denegari quum quod verbis non potest signis valeat declarare. La contraddizione non è facilmente spiegabile, invece, dal punto di vista teologico, poiché se è vero che i verba sono la forma del sacramento non sarebbe dovuto riconoscere nessun altro mezzo di manifestazione del consenso » [43].

D'autre part, il nous semble assez difficile de concilier sa théorie avec la structure du décret 'Tametsi'. Si vraiment le décret n'a rien fait d'autre que

> « Rappresentando la risultante di tutta questa complessa elaborazione sancirà come queste parole solenni dovranno, a pena di nullità essere pronunciate in facie Ecclesiae avanti al parroco ed i testimoni [44],

comment alors expliquer que le concile commence avec une confirmation de la validité du mariage clandestin?

> « Tametsi dubitandum non est, clandestina matrimonia, libero contrahentium consensu facta, rata et vera esse matrimonia, quamdiu ecclesia ea irrita non fecit et proinde iure

---

in loquente »; Abbas Panormitanus: *In quartum et quintum librum decretalium,* ad c. 15, X. 4, 1, n. 2: « Sed doctores moderniores communiter sentiunt cum Host. cum satis sit quod appareat de consensu per signa etiam in loqui valentibus nam verba exiguntur solum ad ostendendum consensum, ideo satis esse debet quod per signa appareat de ipso consensu et *hanc opinionem semper tenui;* Fagnani P.: *Commentaria in quartum librum decretalium,* ad c. 25, X. 4, 1, n. 22.

[42] Cf. note 38.
[43] Gismondi P.: *La forma nel matrimonio,* 402-403.
[44] Gismondi P.: *o. c.,* 411.

damnandi sunt illi, ut eos sancta synodus anathemate damnat, qui ea vera ac rata esse negant » [45].

C'est accidentellement que le Concile s'est décidé d'exiger pour la validité la forma canonica comme 'Efficacius aliquod remedium ' [46]:

« Verum cum sancta synodus animadvertat, prohibitiones illas propter hominum inobedientiam iam non prodesse et gravia peccata perpendat, quae ex eisdem clandestinis conjugiis ortum habent ' [47].

Le concile nous donne donc une nouvelle *forme juridique* sans laquelle le mariage ne parvient plus à l'existence dans l'ordre juridique de l'Eglise:

« Qui aliter, quam praesente parocho, vel alio sacerdote de ipsius parochi seu ordinarii licentia et duobus vel tribus testibus matrimonium contrahere attentabunt huiusmodi contractus irritos vel nullos esse decernit » [48].

Cette forme juridique prescrit maintenant une publicité du mariage pour autant que la présence du curé et des témoins est exigée pour la validité du mariage dans l'ordre juridique ecclésiastique; ainsi tout mariage, qui est contracté secrètement, c'est à dire sans la présence de témoins, est invalide au for juridique ecclésiastique.

Le décret suprime donc directement la validité au for juridique ecclésiastique des mariages clandestins contractés sans la présence des témoins; il déclare illicites les mariages clandestins contractés sans publications; car le décret exige la présence du curé et des témoins pour la validité et les publications seulement pour la licéité. Les mariages clandestins définis comme mariages contractés sans la permission de l'évêque ou sans les formalités prescrites sont supprimés: ils ne sont plus considérés comme des mariages clandestins, vu qu'ils sont contractés en présence du curé et des témoins; ils sont simplement des mariages valides, et même licites s'ils sont précédés des publications exigées.

L'affirmation que le décret 'Tametsi' a supprimé les mariages clandestins signifie en résumé: les mariages considérés

---

[45] H. DE ANDREA: *Canones et decreta*, 216.
[46] H. DE ANDREA: *Canones et decreta*, 217.
[47] Idem: *o. c.*, 216.
[48] Idem: *o. c.*, l. c.

clandestins en raison de l'absence du curé et des témoins sont invalides, les mariages clandestins en raison de l'absence des publications sont illicites, les mariages clandestins en raison du manque de la permission de l'évêque ou des formalités prescrites ne sont plus des mariages clandestins.

Disposant de toutes ces données il nous sera possible de résoudre avec les nuances nécessaires la question de savoir si le concile de Trente a supprimé l'institution du mariage présumé par son décret 'Tametsi'.

Une simple confrontation de la publicité propres au mariages présumés et la publicité exigée par le décret 'Tametsi' nous montre immédiatement que le décret supprime toute présomption de mariage sur la base conjecturale des fiançailles suivies de l'acte conjugal, comme elle se présentait au temps du concile de Trente c. à. d. selon la conception de Grégoire IX. En effet, même si nous ne voulons pas admettre qu'un tel mariage se noie complètement dans la clandestinité nous ne pouvons par affirmer qu'un tel mariage satisfait à la publicité requise par le décret « Tametsi » qui exige la présence du curé et des témoins.

Il ne manque cependant pas d'auteurs qui défendent qu'en des circonstances extrêmes ce genre de présomption du lien conjugal continue à exister, dans le cas notamment où et les fiançailles et l'acte conjugal se sont effectués en présence du curé propre et des témoins, les mêmes pour les deux éléments.

Une double objection peut être faite: D'abord, dans ce cas on trouverait toujours la plus grande clandestinité à propos de la formation du lien, puisqu'on n'est jamais sûr que cet acte conjugal est fait 'affectu uxorio', et est ainsi l'expression de l'échange du consentement interne [49]. Ensuite, on pourrait dire que le concile demande que le prêtre, qui assiste au mariage, interroge les partis: « Ubi parochus, viro et muliere interrogatis » [49]. Si cette interrogation faisait défaut dans le type de mariage présumé proposé, lui aussi ne répondrait plus aux exigences du concile, et par conséquent il aurait été supprimé par le décret 'Tametsi'.

A la première objection nous voulons répondre que si on veut douter de l'expression du consentement de praesenti exprimé par l'acte conjugal effectué en présence du curé et des témoins, il n'y a pas plus de sécurité dans le cas où ce

---

[49] CASTRO PALAO: *Operis Moralis,* pars 5, disp. 2, Punct 8, n. 6, 61; H. DE ANDREA: *Canones et decreta,* 216.

consentement de praesenti est exprimé en présence du curé et des témoins par des paroles. Si donc ce mariage est jugé clandestin à cause de la possibilité d'opposition entre l'expression et la réalité, tous les mariages devraient être jugés clandestins, étant donné qu'il y a toujours possibilité de divergence entre l'expression et la réalité, même si le moyen d'expression sont les paroles prononcées en présence du curé et des témoins.

A la deuxième objection nous voulons répondre qu'il est vrai que le décret nous dit « ubi parochus viro et muliere interrogatis »[50] pourtant il ne nous dit rien du genre de la réponse: des paroles? un signe? Et il reste vrai que: plus namque declaratur voluntas facto quam verbis![51] P. Rasi nous dit à propos de cette objection:

> « Non si può neppure sostenere che il legislatore abbia imposto quale formalità ad substantiam la pronuncia solenne di verba legitima de praesenti (...) di esse non si parla in modo espresso, ma solo indirettamente: ' et eorum consensu intelleco ' tale frase deve essere interpretata nel senso che il parroco dovrà assicurarsi del ' mutuo consenso ', quale testis necessarius; ma ciò potrà fare sia ascoltando i verba dei nubendi sia ricavando da qualsiasi altro *signum*, che gli dia ' la convinzione ' la sicurezza anzi, che lo scambio, l'accordo sia avvenuto; solo molto più tardi con successive riforme, si riuscirà ad imporre la pronuncia dei verba quale formalità ad substantiam come prescritto dal c. 1088 par. 2 ' sponsi matrimonialem consensum exprimant verbis; nec per aequipolentia signa adhibere ispi licet, si loqui possint ' »[52]

B. *En particulier*

La discussion au sujet de la suppression du mariage présumé par le décret 'Tametsi' se fera sur le plan des différentes formes d'application du mariage présumé. En effet, le concile veut remédier aux inconvénients découlant du mariage clandestin en exigeant une autre forme juridique, qui inclut la publicité par la démontrabilité par le curé et les témoins, afin que le mariage, le lien conjugal, se réalise au plan externe juridique ecclésiastique. Il est donc évident que tous les mariages présumés où cette forme n'a pas été observée, à l'exception de la théorie extrême mentionnée plus haut, sont ' irrita et nulla '. Mais comment prétendre que le décret 'Tametsi

---

[50] Idem: *o. c.*, l. c.
[51] D. 21, 1, 48, par. 3; D. 1, 3, 32, *Corpus juris civilis,* Ed. Krüger.
[52] Rasi P.: *Le formalità nella celebrazione del matrimonio,* 197.

supprime les formes du mariage présumé sur la base conjecturale d'un consentement de praesenti, échangé en forme canonique, inefficace à cause d'un empêchement, suivi de l'acte conjugal, de la cohabitation libre, ou d'un autre signe qui laisse entrevoir la continuation dans la même volonté après la cessation de l'empêchement?

Les auteurs discutent principalement trois types de mariage présumé:

— Le mariage entre impubères contracté en forme canonique, suivi d'un signe confirmatif.
— Le mariage forcé contracté en forme canonique, suivi d'un signe confirmatif.
— Le mariage conditionnel contracté en forme canonique, suivi d'un signe confirmatif.

1. *Le mariage entre impubères, ou entre un adulte et un impubère contracte en forme canonique, suivi de l'acte conjugal.*

La question si le mariage entre impubères, ou entre un adulte et un impubère, contracté en forme canonique, suivi d'un signe confirmatif, persiste après le décret ' Tametsi ', peut être affrontée de deux points de vue différents:
— Ou bien on prendra comme base de solution l'*intention* du concile de Trente:

> Prévenir les « gravia peccata, quae ex eisdem clandestinis conjugiis ortum habent, praesertim vero eorum qui in statu damnationis permanent, dum priori uxore, cum qua clam contraxerant, relicta cum alia palam contrahunt, et cum ea in perpetuo adulterio vivunt » [53].

Prevenir en d'autres mots, l'opposition entre le for interne et le for externe;
— Ou bien on peut aborder la question sur la base de paroles strictes du décret:

> « Qui aliter, quam praesente parocho ... et duobus vel tribus testibus matrimonium contrahere attentabunt, eos sancta synodus ad sic contrahendum omnino inhabiles reddit, et huiusmodi contractus irritos et nullos esse decernit, prout eos praesenti decreto irritos facit et annullat » [54].

---

[53] H. de Andrea: *Canones et decreta,* 216-217.
[54] Idem: *o. c.,* 217.

Bien que ces deux critères ne soient pas contraires, la conclusion d'après le deuxième critère sera plus catégorique que d'après le premier.
— Si nous affrontons la question partant de l'intention du concile de Trente, nous devons dire que le concile a exigé, a imposé cette forme canonique pour éviter la clandestinité du mariage afin de supprimer la possibilité que quelqu'un qui est tenu par un lien conjugal occulte s'engage dans un autre mariage en face de l'église. Or, ce but est déjà obtenu par le fait que le mariage entre les impubères est contracté en forme canonique, bien qu'il soit invalide à cause de l'empêchement de l'âge. Etant donné que ce danger d'opposition entre le for externe et le for interne est exclu, il n'y a donc plus rien qui empêche que l'acte conjugal, la cohabitation libre ou un autre signe qui manifeste la continuation dans la même volonté après la cessation de l'empêchement, fait présumer comme autrefois la formation du lien conjugal, c. un., 4, 2, par. 2, in II° [55].

De plus, comme ils ont observé la forme canonique ils ne semblent pas enfreindre les mots du concile de Trente :

> « Qui aliter, quam praesente parocho ... et duobus vel tribus testibus matrimonium contrahere attentabunt ».

et par conséquent ils ne sont pas touchés par la pénalité avec laquelle le décret sanctionne les transgressions de cette forme obligatoire.
— Par contre, si nous prenons comme base de solution du problème les paroles strictes du concile :

« Qui aliter, quam ... contrahere attentabunt », nous ne pouvons plus défendre la continuation du mariage présumé dans le cas où le consentement de praesenti a été échangé en forme canonique entre des impubères ou entre un adulte et un impubère après quoi, devenus adultes, ce consentement est suivi de l'acte conjugal, de la cohabitation libre, ou d'un autre signe qui laisse entrevoir la continuation de la même volonté [56].

---

[55] GUTIERREZ J.: *Canonicarum quaestionum*, lib. 1, cap. 18, col. 1, 96, Il présente mais rejette cette théorie; SANCHEZ T.: *De sancto matrimonii*, t. 1, lib. 3, disp. 40, n. 6, 239.

[56] GUTIERREZ J.: *Canonicorum quaestionum*, lib. 1, cap. 18, col. 1, 96 : « His tamen omnibus non obstantibus contrarium verius esse judicavi nempe hodie , attento praefato decreto Concilii Trident, non sufficere impuberes contraxisse palam, praesente parocho et testibus, quod adveniente pubertate, per copulam vel amplexus et oscula de-

L'intention du concile était d'éviter le danger de péchés graves; s'il se limitait à nous donner un moyen efficace pour éciter ce danger, on pourrait dire que ce moyen est superflu et que la présomption continue à exister comme autrefois, étant donné que dans le cas du mariage entre deux impubères en forme canonique, le danger n'existe pas.

Mais il a imposé, une nouvelle forme juridique sans laquelle aucun consentement conjugal n'est valable dans l'ordre juridique ecclésiastique; or, le consentement de praesenti échangé par des impubères a tout au plus la valeur de fiançailles « juris intellectu » et le consentement de praesenti doit encore être énoncé en forme canonique [57].

Apparamment cette forme de mariage présumé a satisfait aux exigences du décret 'Tametsi', mais en réalité l'échange du consentement de praesenti en forme canonique entre impubères est iuris interpretatione de futuro, et ne prévient donc pas l'incertitude, la clandestinité de l'échange du consentement de praesenti [58].

2. *Le mariage vicié par un empêchement, suivi d'un signe qui laisse entrevoir la continuation de la même volonté.*

Une objection monumentale contre la suppression de la présomption du lien matrimonial au cas où des impubères se sont échangé le consentement de praesenti et une fois adultes ont confirmé cette volonté par un signe extérieur, prend son origine dans l'autre type discuté du mariage présumé [59]:

---

claretur perseverantia voluntatis juris praesumptione; hodie non sufficit nisi expresse consensus declaretur post pubertatem coram parocho et testibus. SANCHEZ T.: *De sancto matrimonii*, t. 1, lib. 3, disp. 40, 229: « Sed omnino tenendum est non transire quia necessario coram parocho et testibus praestandus est consensus de praesenti legitimus ad constituendum matrimonium, ille autem consensus habitus prius coram parocho est vere de futuro, nec constituit matrimonium, sed sponsalia ... Nec satis erit si renovent consensus inter se ipsos solos, sed debet esse coram parocho et testibus, quia alias non possent testificari de contractu de praesenti »; PIRGING E.: *Jus canonicum*, lib. 4, tit, 5, par. 2, 75; ROSIGNOLO G.: *De matrimonio controversias*, D. 3, par. 7, n. 2-3, 232; MENOCHIUS J.: *De praesumptionibus*, lib. 3, praes. 1. n. 99, 297; ESCOBAR A.: *Universae theologiae moralis*, t. III, lib. 25, sec. 1, cap. 1, n. 9, 40; FAGNANI P.: *Commentaria in quartum librum decretalium* ad c. 30, X. 4, 1, n. 13; ad c. 9, X. 4, 2, n. 28; ANGELIS DE PH.: *Praelectiones iuris canonici*, Romae, 1880, t. 3. pars 1, 84.

[57] GUTIERREZ J.: *o. c.*, lib. 1, cap. 18, col. 2, 95.
[58] ESMEIN A. - GENISTAL: *Le mariage*, II, 238.
[59] GUTIERREZ J.: *o. c.*, lib. 1, cap. 18, col. 2, 96.

un mariage forcé contracté en forme canonique suivi de l'acte conjugal, de la cohabitation libre ou d'un autre signe confirmatif.

Si un impubère en raison de son âge n'a pas la maturité, la liberté suffisante pour échanger un consentement de praesenti valable et que de sorte l'échange du consentement de praesenti doit être renouvelé en forme canonique, nous devons endire autant et plus, pour quelqu'un qui est forcé au mariage: lui non plus ne jouit pas de la liberté nécessaire pour énoncer le consentement de praesenti et a pari il devrait renouveler le consentement de praesenti en forme canonique [60]. De fait ce mariage ne peut être valide 'ex tunc' car il n'y a pas eu échange de consentement de praesenti quand ils ont observé la forme canonique sans laquelle le mariage ne peut être valide dans l'ordre juridique ecclésiastique. Or, pas mal d'auteurs [61] affirment que dans le cas d'un mariage invalide à cause de l'empêchement de la peur, pour autant que cet empêchement est secret, il suffit d'un renouvellement secret, soit par

---

[60] GUTIERREZ J.: *Canonicarum quaestionum, lib. 3, Tractatus de matrimonio*, pars 2, princ. cap. 76, n. 32, col. 1, 210; FAGNANI P.: *Commentaria in quartum librum decretalium*, n. 13, 22; LA CROIX C.: *Theologia moralis*, Ravennae, 1759, lib. 6, pars 3, n. 270 et n. 664; ANGELIS DE PH.: *Praelectiones juris canonici*, Romae, 1880, t. 3, pars 1, 56; GRANDCLAUDE E.: *Ius canonicum iuxta ordinem decretalium*, t. 3, Parisiis, 1883, 41; FERRARI J.: *Summa institutionem canonicarum*, Genuae, 1889, n. 390, 99.

[61] SCHMALZGRUEBER F.: *Jus ecclesiasticum universum*, t. 4, pars 1, 195-196; SANCHEZ T.: *De sancto matrimonii*, t. 1, lib. 2, disp. 37, sent. 3; GUTIERREZ J.: *De juramento confirmatorio*, pars 1, cap. 51, n. 21, col. 1, 176. Remarquez qu'il corrige son point de vue dans: *Canonicarum quaestionum*, lib. 3, Tractatus de matrimonio, pars 2 princ. Cap. 76, n. 29, 209, col. 2: « sive occultum quamvis in hoc ultimo casu impedimenti occulti parocho et testibus ignoto, alias sufficeret expressus consensus utriusque conjugiis absque parocho et testibus, non tamen sufficit solus tacitus ex copula inductus, atque praesumptus ». PIRHING E.: *Jus canonicum*, lib. 4, tit. 1, sec. 4, par. 3, fol. 32; REIFFENSTUEL A.: *Jus canonicum*, n. 336, 52; VIVA D.: *Cursus theologico-moralis*, vol. 2, Beneventi, 1737, pars 7, quaest. 4, art. 3, ad 7, 66; PLACIDO BÖCKHN P.: *Commentarium in jus canonicum*, t. 3, lib. 4, tit. 1, n. 48, 98; GIRALDI U.: *Expositio juris pontificii*, Romae, 1830, pars 1, t. 2, tit. 1, ad c. 21, 495; PECORELLI R.: *Juris ecclesiastici maxime privati institutiones*, Neapoli, 1848, 279; ZALLINGER J.A.: *Institutiones juris ecclesiastici*, Romae, 1832, lib. 4, tit. 1, 420; FERRANTE J.: *Elementa juris canonici*, Romae, 1854, 96-97; SCHERER von R.: *Handbuch des kirchenrechts*, Graz und Leipzig, 1898, lib. 4, cap. 2, 178-179; WERNZ F.X.: *Jus decretalium*, t. 4, Prati, 1911, n. 270, 58; DE LIGORIO A.M.: *Theologia Moralis*, t. 4, Romae, 1912, n. 1114.

l'acte conjugal, soit par la cohabitation libre ou un autre signe confirmatif.

Contre cette contradiction assez frappante des réactions ne tardent pas à se manifester [62]. Elles exigeront un renouvellement explicite du consentement pour tous les cas où le contrat du mariage a été vicié par quelque cause que ce soit. Uniquement le danger de scandale excuserait de la forme canonique et justifierait l'application de l'épicheia. Gutierrez J. [63] pourtant ne pense pas que ce dernier argument est assez fort pour autoriser l'épicheia et il exige aussi dans le cas d'un empêchement occulte le renouvellement du consentement de praesenti en forme canonique [64]. La question qui se pose est de savoir si nous devons vraiment recourir à une épicheia. Ce serait nécessaire si le décret 'Tametsi' avait supprimé ce mariage. Or T. Sanchez ne pense pas que ce type de mariage présumé ait jamais été visé par le concile dans le décret 'Tametsi'. En imposant l'obligation de la présence du curé et des témoins au contrat du mariage il voulait seulement prévenir les inconvénients des mariages clandestins, c. à. d. des mariages sans témoins, mais il ne s'est jamais occupé des 'mariages' avec les témoins exigés, invalides pourtant à cause d'un empêchement secret. Comme ce cas n'a donc jamais été visé par la loi, nous ne devons pas non plus recourir à l'épicheia pour nous libérer de l'obligation de la loi [65].

Nous pensons devoir répliquer, (comme nous l'avons déjà fait au cas d'un mariage entre impubères, ou entre un adulte et un impubère, contracté en forme canonique, suivi de l'acte conjugal, de la cohabitation libre, ou d'un autre signe qui laisse entrevoir que, devenus adultes, ils persévèrent dans la même volonté), que le concile, bien qu'il avait un but précis, celui d'éviter la clandestinité et les inconvénients connexes, impose une norme générale:

> « Qui aliter, quam ... contrahere attentabunt ... huiusmodi contractus irritos et nullos esse decernit »

---

[62] GUTIERREZ J.: *Canonicarum quaestionum*, lib. 1, cap. 18, n. 8, col. 2, 97.
[63] GUTIERREZ J.: *o. c.*, l. c.
[64] GUTIERREZ J.: *Canonicarum quaestionum, lib. 3, Tractatus de matrimonio,* pars 2 princ. cap. 75, col. 1, 210. Il nous donne ici la triple position des auteurs.
[65] GONZALEZ TELLEZ, *Commentaria perpetua in singulos textus quinque librorum decretalium Gregorii IX*, t. 4, Maceratae, 1737, tit. 1, c. 21, p. 35.

Il prescrit une nouvelle forme canonique, directement en opposition avec le mariage clandestin, sans laquelle dorénavant aucun mariage ne peut être contracté validement dans l'ordre juridique de l'Eglise. Si donc dans un cas spécifique la clandestinité est évitée, cela ne veut pas dire qu'on serait excusé de la forma canonique, qui donne au mariage son existence au for canonique ecclésiastique.

Quant au renouvellement du consentement après un mariage vicié, nous ne ferions pas de différence entre un mariage vicié par l'empêchement d'âge et un mariage invalidé à cause de l'empêchement de la peur; mais, tenant compte des mots du décret 'Tametsi' qui exige que le *consentement conjugal* soit exprimé en présence du curé et des témoins, nous trouverions la différence plutôt dans le fait de savoir si oui ou non au moment où ils ont observé la forme canonique, le consentement conjugal a été énoncé. Comme maintenant — à l'exception de l'empêchement de l'âge et de la peur, qui ont en commun que la personne est incapable, ne dispose pas d'une liberté suffisante, pour échanger le consentement de praesenti (defectus consensus) — les empêchements dirimants, fondamentalement, ne s'opposent pas à l'échange du consentement de praesenti, nous devons dire que, si cet échange s'est effectué en forme canonique, on a satisfait aux exigences du décret « Tametsi ». Car alors le consentement conjugal est échangé en présence du curé et des témoins, bien que pour l'instant il est encore invalide à cause d'un empêchement dirimant.

Nous pouvons conclure qu'à l'exception du cas où cet échange du consentement de praesenti est vicié par l'empêchement d'âge ou celui de la peur, il ne faut pas de renouvellement du consentement de praesenti en forme canonique, même si l'empêchement est public. C'est seulement pour éviter le scandale, ou pour avoir une plus grande certitude, qu'on peut demander que le consentement soit une fois de plus énoncé en forme canonique[66].

Sans entrer davantage dans la discussion de la possibilité de la convalidation, par un acte occulte, d'un mariage inefficace, contracté en forme canonique[67], nous voulons faire remarquer la différence entre la *présomption d'antan* du lien conjugal sur la base d'un consentement de praesenti inefficace, suivi d'un signe qui laisse entrevoir la continuation du consentement énoncé après la cessation de l'empêchement et

---

[66] NAVARRETE U.: *De convalidatione,* n. 80, 61.
[67] NAVARRETE U.: *o. c.,* p. 59-85.

la convalidation actuelle du lien conjugal par un signe confirmatif après un mariage contracté en forme canonique, mais inefficace à cause d'un empêchement dirimant[68]. Autrefois *le fait même* que l'échange du consentement de praesenti vicié était suivi de l'acte conjugal de la cohabitation libre, ou d'un autre signe qui laisse entrevoir la continuation de la même volonté, faisait présumer la formation du lien conjugal; *maintenant* il y a seulement convalidation du lien conjugal entant que les personnes veulent se servir d'un tel signe pour exprimer la continuation du consentement déjà énoncé en forme canonique, mais vicié par un empêchement dirimant. Toute la différence se trouve pour ainsi dire dans la suppression de la présomption juridique, de sorte que la théorie de la convalidation du lien conjugal peut être vue comme une continuation de la théorie de la présomption du lien conjugal après la suppression de la présomption juridique. Cette théorie de la convalidation est en quelque sorte une mise au point de la théorie de la forme canonique, comme celle-ci a été une mise au point de la théorie du mariage présumé. En d'autres mots, si la théorie du mariage présumé exagérait en faveur du droit c'est à dire qu'on jugeait valides au for externe des mariages qui ne l'étaient pas, vu que l'acte conjugal n'était pas expression de l'échange du consentement de praesenti (ce qui était présumé), la théorie de la forme canonique est trop rigide dans ce sens que, cette forme canonique une fois imposée, un lien est jugé trop facilement inexistant au for juridique tout en existant en réalité. En acceptant maintenant la théorie de la convalidation on évite une trop grande rigidité. Notons encore que la forme extrême de la convalidation du lien matrimonial, la 'sanatio in radice', est une reprise de la théorie du mariage présumé: le législateur supprime la nécessité de la forme canonique dans un cas spécial et le lien prend son origine dans un consentement échangé, mais vicié, suivi des actes qui assurent la continuation de la même volonté.

Frappante est l'analogie entre la justification de la convalidation sans renouvellement du consentement en forme canonique et la conception du mariage présumé élaborée par Alexandre III. Celui-ci voyait la formation du lien conjugal par des fiançailles suivies de l'acte conjugal comme suit: le consentement de futuro n'étant pas exclusivement promesse de mariage, mais conservant une valeur dans la formation du

---

[68] Can. 1133.

lien conjugal, *c'est ce consentement de futuro qui, actualisé au présent cause le lien conjugal.*

Maintenant on justifie la convalidation du lien en disant que c'est l'*échange du consentement de praesenti* en forme canonique qui, actualisé par un signe confirmatif après la cessation de l'empêchement, fait naître le lien conjugal. Ainsi on évite que le mariage nul 'ex tunc' à cause de l'empêchement soit nul 'ex nunc' à cause de l'absence de la forme canonique.

3. *Mariage conditionnel, contracté en présence du curé et des témoins.*

Avant tout, nous voulons faire remarques que dans la discussion de la suppression de ce type de mariage présumé, les auteurs ont adopté un point de vue trop restreint.

Ils limitent, en effet, toutes leurs discussions au *mariage* contracté sous condition en forme canonique, tandis que la figure primaire de ce type de mariage présumé était plus ample comprenant auss iet surtout le cas ou des fiançailles étaient contractées sous condition et suivies de l'acte conjugal.

> « Si vero conditio honesta apponatur, puta: si tantum mihi in dotem dederis, si pater tuus vel meus voluerit, si Imperator intraverit et huiusmodi refert an apponatur in desponsatione de praesenti an de futuro (...) si vero de futuro valet et tenet conditio et, nisi adimpleatur, non compellitur quis stare promissioni nisi ante tempus conditionis consensus de praesenti intervenerit vel commixtio carnalis intercesserit. Tunc enim in ipso coïtu praesumitur consensus de praesenti intervenisse et ideo cogetur eam habere, quamvis conditio postea non impleatur, ut in extravaganti ' de illis autem ' »[69].

Pour lui ce type de présomption est seulement possible quand on énonce des fiançailles sous condition, car l'échange du consentement de praesenti n'admet pas de condition:

> « Refert an apponatur in desponsatione de praesenti an de futuro; si de praesenti, tenet matrimonium, sive adimpleatur conditio sive non »[70].

Urbain III, dans la décrétale c. 5, X. 4, 5 'Super eo' complétant la doctrine d'Alexandre III c. 3, X, 4, 5 et d'Innocent III

---

[69] WEIGAND R.: *Die bedingte Eheschliessung*, 205.
[70] Idem, *o. c.*, l. c.

dans la décrétale c. 6, X. 4, 5. 'Per tuas', ne se prononce pas sur l'admissibilité de la condition honnête ajoutée à l'échange du consentement de praesenti [71]. Ne faisant pas bien la distinction entre desponsatio de futuro et desponsatio de praesenti, les décrétalistes élaboreront la doctrine du mariage sous condition à côté des fiançailles sous condition [72].

D'ailleurs *toute la théorie de la présomption* en cas d'un consentement conditionnel a *évolué*.

Huguccio voyait l'acte conjugal comme expression du consentement *de praesenti*, s'il suivait un consentement de futuro sous condition; or d'après lui ce consentement de praesenti n'admet plus la condition; celle-ci est donc rejetée. Alexandre III, Urbain III et Innocent III voient l'acte conjugal qui suit un consentement de futuro sous condition, comme rejet de la condition, après quoi le lien conjugal se réalise selon la deuxième possibilité de formation du lien conjugal acceptée par eux: le consentement de futuro actualisé au présent par l'acte conjugal. Quand le pape Grégoire IX traduit la doctrine d'Alexandre III et de ses prédécesseurs en terminologie huguccienne, l'acte conjugal suivant un consentement de futuro conditionnel, fait présumer et le rejet de la condition ajoutée (théorie d'Alexandre III), et l'échange du consentement de praesenti (effet de la traduction).

Finalement, les décrétalistes qui ont élaboré la théorie du mariage sous condition voyent dans l'acte conjugal qui suit le mariage sous condition le rejet de la condition, et dans l'acte

---

[71] Cf. pp. 102-104; WEIGAND R.: *Die bedingte Eheschliessung*, 289.
[72] BERNARDUS DE BOTONO PARMENSIS: *Corpus juris canonici, Decretales*, glossa ad c. 6, X. 4, 5, ad verbum 'praesumendum'; BERNARDUS PAPIENSIS: *Summa decretalium*, Ed. Laspeyres, lib. 4, tit. 5, 146-8. Bien qu'il parle de desponsatio, il résulte très claire du texte, qu'il parle du mariage: par. 1. Diximus de desponsatione quae fit pure, nunc dicamus de illa quae fit sub conditione; par. 3. Conditio *in desponsatione* apposita alia honesta, alia inhonesta ... Inhonesta et repugnans substantiae *matrimonii*. JEAN DE ANDREA: *In quartum decretalium librum commentaria accutissima*, ad c. 3, X. 4, 5, n. 3; ANT. DE BUTRIO: *In librum quartum decretalium commentarii*, ad c. 3, X. 4, 5, n. 6; ABBAS PANORMITANUS: *Commentarium in quartum et quintum decretalium librum*, ad c. 5, X. 4, 5, n. 7; PRAEPOSITUS: *Lectura aurea super quinque decretalium*, ad c. 6, X. 4, 5, n. 4; PETRUS D'ANCARANO: *Super quarto decretalium facundissima commentaria*, ad c. 3, X. 4, 5, n. 6; MARIANI SOCINI: *Aurea ac pene divina*, ad c. 5, X. 4, 5, n. 115, 267. « Unde haec copula operari videtur duos effectus, quia purificat conditionem, et inducit unum de praesenti »; INNOCENT IV: *In quinque libros decretalium commentaria*, ad c. 6, X. 4, 5, n. 1.

conjugal qui suit les fiançailles conditionnelles, ils voient *et* l'expression de l'échange du consentement de praesenti, *et* le rejet de la condition.

Maintenant que le concile de Trente impose la forme canonique, l'acte conjugal suivant des fiançailles ne fait plus présumer l'échange du consentement de praesenti qui fait naître le lien conjugal. Les auteurs discutent alors de l'autre figure : l'acte conjugal après un mariage conditionnel fait-il encore présumer le rejet de la condition ?

Bien qu'un grand nombre d'auteurs défendent la théorie selon laquelle le concile de Trente par son décret 'Tametsi' aurait supprimé également ce type de mariage présumé [73], il ne manque pas d'auteurs qui défendent la survivance de ce type de mariage présumé.

Comme le consentement de praesenti qui fait naître le lien conjugal est bien le consentement échangé en présence du curé et des témoins, et que l'acte conjugal fait présumer seulement que les 'époux' ont renoncé à la condition [74], ces derniers auteurs jugent que ce type du mariage présumé ne contredit en rien les exigences du décret 'Tametsi' qui se limite à exiger que le consentement conjugal soit énoncé devant le curé et deux ou trois témoins ; il ne se prononce pas au sujet de l'acte conjugal qui ferait présumer le rejet de la condition ajoutée. Il n'y a donc pas de raison pour que ce type de mariage présumé ne continue pas après le décret.

Les partisans de cette théorie discutent une fois de plus entre eux la nécessité de la communication, au curé et aux témoins, de la vérification de la condition ou du renoncement à celle-ci [74]. Ainsi seulement ils peuvent être témoins de la vali-

---

[73] ODDI-BAGLIONI A.: *Il matrimonio condizionato,* Studi di diritto privato italiano e straniero, Padova, 1938, 167-170; GUTIERREZ J.: *Canonicarum quaestionum,* lib. 3, Tractatus de matrimonio, cap. I, 81, n. 9, 221; PIRHING E.: *Jus canonicum,* lib. 4, tit. 5, § 2, n. 5, 75; ELBEL B.: *Theologia moralis sacramentalis tripartita,* Venetiis, 1733, n. 18, 370 et n. 19, 371.

[74] KRIMER F.: *Quaestionum canonicarum,* t. 4, de spons. et matrim., n. 481, 125; ZOESIUS H.: *Commentarium in jus canonicum universum,* pars 4, tit. 5, addim. n. 11, 482; SCHMALZGRUEBER F.: *Jus ecclesiasticum universum,* t. 4, pars 1, 405; FAGNANI P.: *Commentaria in quartum librum decretalium,* n. 21, 41; REIFFENSTUEL A.: *Jus canonicum universum,* n. 13, 85; VERMIGLIOLI P.: *Lezioni di diritto canonico esposte secondo l'ordine dei titoli delle decretali di Gregorio IX,* lib. 4, Perugia, 1838, 50; NARDI F.: *Elementi di diritto ecclesiastico,* Padova, 1854, 191; WERNZ F.X.: *Jus decretalium,* t. 4, n. 297, 88.

dité du lien conjugal. Cette interprétation nous semble trop stricte. Le décret 'Tametsi' n'exige pas que le curé et les témoins soient des témoins d'une mariage valide, mais il exige que le consentement de praesenti soit énoncé en présence du curé et de deux ou trois témoins.

D'ailleurs le décret 'Tametsi' en tant qu'il déclare nuls les mariages clandestins contractés sans la présence du curé et des témoins, est une correction, une suppression même du droit commun et doit être interprété strictement [76].

Notre position, notamment interprétation stricte du décret et par conséquent liberté de ne pas communiquer la vérification de la condition ou le renoncement à celle-ci, trouve un argument en plus dans le fait que le décret n'exige pas la présence du curé et des témoins qui assistent à un mariage par procuration, au moment où celle-ci est dressée [77].

Quand les auteurs, qui ont écrit au sujet de la suppression des différents types du mariage présumé ne s'accordent pas, comme nous avons indiqué dans les pages précédentes [78]; nous pensons que de la confrontation des différents types de mariage présumé avec les exigences du décret 'Tametsi', il résulte: d'une part en imposant la forme canonique le concile a supprimé, à l'exception du cas-limite, les figures primaires de la présomption du lien conjugal:

— les fiançailles suivies de l'acte conjugal.
— les fiançailles conditionnées, suivies de l'acte conjugal.
— le mariage entre impubères ou entre un adulte et un impubère (les fiançailles juris interpretatione), suivi de l'acte conjugal, de la cohabitation ou d'un autre signe qui laisse entrevoir la persévérance dans la même volonté après qu'ils sont devenus adultes.

D'autre part toutes les figures secondaires du mariage présumé (à l'exception du mariage vicié par défaut du consentement) contracté en forme canonique ne sont pas supprimées par l'imposition de cette forme, étant donné que le consentement conjugal a de fait été énoncé en forme canonique suivant les exigences du décret 'Tametsi'. Cette conclusion nous semble

---

[75] BALLERINI A. - PALMIERI D.: *Opus theologicum morale*, vol. 4, n. 269, 227-228.

[76] PIRHING E.: *o.c.*, t. 4, tit. 1, sect. 1, 7.

[77] KRIMER F.: *o.c.*, n. 484, 126; SCHMALZGRUEBER F.: *o.c.*, t. 4, pars 1, 406.

[78] Cf. pp. 132-141.

être confirmée par le décret 'Consensus mutuus'[79], qui étend les dispositions du décret 'Tametsi' aux régions où, à défaut de la promulgation de ce dernier décret, l'ancienne doctrine était encore en vigueur. Il spécifie le décret 'Tametsi' au sujet du mariage présumé en disant:

> « Simul per has litteras Nostras decernimus ac mandamus ut deinceps illis in locis in quibus coniugia clandestina pro validis habentur, a quibusvis iudicibus ecclesiasticis, in quorum foro causas eiusmodi matrimoniales agitari et iudicari contigerit, copula carnalis sponsalibus superveniens non amplius ex iure praesumptione conjugalis contractus censeatur nec pro legitimo matrimonio agnoscatur seu declaretur » [80].

Quand, après tant de discussions sur la continuation de la présomption du lien conjugal dans ses différentes figures, le décret se ilmite à définir les mariages présumés par 'copula carnalis sponsalibus superveniens', nous sommes convaincus que le décret 'Tametsi' ne doit certainement pas être interprété comme s'étendant au delà des figures primaires du mariage présumé, et qu'il laisse les figures secondaires dans l'ordination juridique antérieure.

C. Suppression ultérieure du mariage présumé par le Codex Iuris Canonici.

Si nous confrontons brèvement cette conclusion avec la doctrine énoncée dans le 'Codex Iuris Canonici', nous devons distinguer entre la position que le législateur a prise envers les figures secondaires du mariage présumé sur base de l'échange du consentement de praesenti en forme canonique, inefficace à cause d'un empêchement dirimant, suivi de l'acte conjugal, de la cohabitation libre ou d'un autre signe qui laisse entrevoir la persévérance, de la volonté après la cessation ou la dispense de l'empêchement, et la position qu'il a assumée envers la figure secondaire du mariage présumé sur base d'un *mariage* conditionnel, suivi d'un signe confirmatif, de la même volonté.

Des canons 1133 et 1138 par 2, il résulte qu'après la promulgation du code l'institution du mariage présumé est supprimée même quant aux figures secondaires du mariage présumé sur

---

[79] Pape Léon XIII, 15 fév. 1892.
[80] Acta Apostolici Sedis, 24 (1891-1892) 442.

base d'un échange de consentement de praesenti en forme canonique, inefficace en l'ordre juridique à cause d'un empêchement, suivi d'un signe confirmatif. Si nous avons dit que ces figures du mariage présumé ne violent en rien les dispositions du décret 'Tametsi' qui par conséquent ne les supprime pas, et que c'est uniquement à cause du scandale ou à cause d'une sécurité plus grande qu'on peut exiger que le consentement soit renouvelé en forme canonique si l'empêchement était public, ou privatim si l'empêchement était occulte, nous voyons dans le canon 1133 que l'église exige de fait ce renouvellement:

> Par. 1 Ad convalidandum matrimonium irritum ob impedimentum dirimens, requiritur ut cesset vel dispensetur impedimentum et consensum renovet saltem pars impedimentum conscia.
> Par. 2. Haec renovatio iure ecclesiastico requiritur ad validitatem, etiamsi initio utroque pars consensum praestiterit nec postea revocaverit.

Ce deuxième paragraphe nous suggère que le législateur avait l'intention de compléter la doctrine de 'Tametsi', comme nous le montre une simple comparaison des deux textes:

> « Haec renovatio iure ecclesiastico requiritur ad validitatem » [81] et
> « Qui aliter, quam praesente parocho ... et duobus vel tribus testibus matrimonium contrahere attentabunt ... *sancta synodus ... huiusmodi contractus irritos et nullos esse decernit* » [82].

Nous pouvons donc conclure qu'après la promulgation du code, ces figures du mariage présumé ne continuent pas à exister.

Nous trouvons une confirmation négative de cette conclusion dans le c. 1138 par. 3 pour autant que la loi, *par exception*, permet au législateur de suivre l'ordination de l'ancien droit, et donc de dispenser du renouvellement du consentement inefficace suivi des signes qui laissent entrevoir la continuation de la même volonté après la cessation ou la dispense de l'empêchement.

Nous ne pouvons donc comprendre cette loi particulière que si en règle générale, cette possibilité de formation du lien est supprimée.

---

[81] Can. 1133 par. 2.
[82] Tametsi, H. DE ANDREA: *Canones et decreta*, 217.

Quant au mariage conditionnel, par contre, nous remarquons que le code confirme la doctrine antérieure: c. 1092.

Comme la valeur du mariage est suspendue quand on a apposé au contrat une condition possible de futuro, il est évident qu'au moment où la condition se vérifie, ou que l'on y renonce, le lien matrimonial oblige inconditionnellement.

Comme nous ne pouvons trouver nulle part une suppression de la doctrine disant que l'acte conjugal subséquent à un mariage conditionné fait présumer le rejet de la condition, nous pourrions dire qu'après la promulgation du 'Codex Juris Canonici', cette figure aussi du mariage présumé continue à exister. Pourtant ne trouvant aucun indice ni en faveur ni au détriment de cette figure du mariage présumé dans le Codex iuris canonici [83], disposant par ailleurs d'une sentence de la S. R. Rota, dont les relations conjugales aux mariés sous condition résultent prohibitées:

> « Si vero consensui matrimoniali apponatur conditio de futuro licita, valor matrimonii est suspensus usque ad eventum qui pro conditione constitutus est; matrimonium vero fit validum vel non, prout eventus contingat vel non. In hoc casu usus coniugii prohibitus est et non modo usque ad eventum, ex quo pendet eius validitas (nam hoc tempore validum extare non potest inter partes matrimonium), sed etiam ab hoc eventu usque ad momentum quo de eo constit (nam hoc tempore usus conjugii est coniunctus cum periculo fornicationis) » [84].

Il nous semble presque impossible, même si le code n'a pas supprimé cette présomption, de l'appeler *présomption juris et de jure*.

Une décision de la S. R. Rota du 18 mars 1950 rejette explicitement la présomption du lien conjugal dans le cas où des relations ont suivi un mariage sous condition:

> « Ex huiusque expositis, patet acceptari non posse id, quod non nisi ex lapsu, ut tenemus, in sententia primi gradus, ceterum laude digna, scriptum est: nempe haberi praesmptionem iuris et de iure quod conditio revocata sit, quando contrahens matrimonium utatur, antequam sciat condicionem fuisse verificatum » [85].

---

[83] Codex Juris canonici.
[84] Dec. 70, S. R. Rota, 25 nov. 1933, p. 592, n. 3; Dec. 69, S. R. Rota, 25 nov. 1933, n. 4, 585; Dec. 38, S. R. Rota, 1 juin 1937, n. 2, 380.
[85] Dec. 24, S. R. Rota, 18 mars 1950, n. 11, 152.

CONCLUSION

Nous voudrions faire remarquer en conclusion que le mariage présumé n'est pas une anomalie dans le droit ecclésiastique, mais une institution intimement liée à l'évolution du droit matrimonial dans l'Eglise.

Bien que nous n'avons pas voulu comprendre la théorie du mariage présumé dans le droit ecclésiastique comme une évolution de la théorie du mariage présumé dans le droit romain, nous pouvons cependant remarquer à côté des différences profondes (base conjecturale différente — valeur différente de la présomption), des similitudes frappantes (même justification, même cause d'abrogation) entre ces deux théories.

Quand l'Eglise au deuxième siecle, commence à élaborer un droit propre, elle se trouve confrontée, en ce qui concerne la formation du lien conjugal, à une double théorie, qu'elle avait assumée pendant les dix premiers siècles, quand elle se limitait plutôt au plan moral et pastoral: la théorie du droit romain et celle du droit germanique.

Si nous pouvons formuler la formation du lien conjugal dans le droit romain « consensus facit nuptias non concubitus », la formulation du lien conjugal dans le droit germanique se résume plutôt par 'consensus traditione puellae confirmatus nuptias facit! De la conciliation de ces deux possibilités de la formation du lien conjugal, résultera la théorie du mariage présumé.

Après une lutte de deux siècles entre l'*Ecole de Bologne,* qui continue la doctrine que Gratien, continuant celle de Pierre Damien et d'Anselme de Laon, a formulée:

> « Matrimonium sponsali conventione initiatur, commixtione perficitur », et

l'*Ecole de Paris,* qui continue la doctrine de Pierre Lombard:

> « Consensus non quilibet sed per verba expressus nec de futuro sed de praesenti est causa efficiens matrimonium »,

la conciliation sera obtenue dans la formulation élaborée par le pape Alexandre III.

Dejà dans sa 'Summa' où il suit de très près son maître Gratien, Roland Bandinelli qui sera plus tard pape Alexandre III, ne manque pas de se distancer de son maître en ce qui concerne l'effet de la desponsatio de praesenti qu'il considère déjà comme cause d'une stricte obligation de conserver la chasteté conjugale, indissoluble en principe, sans pourtant lui attribuer l'indissolubilité absolue.

Il continue cette même théorie, en termes lombardiens cette fois, dans ses « Sententiae ». Il attribue une fois de plus au consentement de praesenti la valeur de créer un lien réciproque indissoluble en principe. Nous pourrions résumer ainsi la théorie conciliatrice, qu'il introduira dans la législation ecclésiastique quand il sera élevé au Pontificat:

Par la desponsatio, le mariage commence:

— quand cette desponsatio est de futuro, elle réalise un lien dissoluble,
— quand elle est de praesenti, elle cause un lien indissoluble en principe, excluant tout mariage subséquent, mais ne s'opposant pas à l'acceptation libre de la vie religieuse,
— quand cette desponsatio est suivie le l'acte conjugal le lien obtient une indissolubilité parfaite.

A part cette conciliation, nous trouvons la solution que Jean Faventin nous propose en ces termes:

> « Nos autem quasi mediam viam tenentes servata priori distinctione dicimus in desponsatione matrimonium esse initiatum, sed si desponsatio sit de futuro, non statim est matrimonium ratum, si vero est de praesenti ut ex praedicta auctoritate Augustini monstratur, statim *ante carnis commixtionem ratum efficitur adeo ut non dissolvi potest nisi in duobus casibus scilicet causa religionis et malefici* »[86].

Cette position correspond jusqu'ici complètement à celle de Roland Bandinelli. Une différence se fait pourtant noter la copula carnalis suit la desponsatio: selon Roland le consentement de futuro actualisé par l'union sexuelle fait naître le lien; selon Jean Faventin c'est l'union 'maritali affectu', qui rend le mariage ratum, c'est donc le consentement énoncé dans l'acte conjugal qui fait naître le lien conjugal.

---

[86] Cité par HOERMANN W.: *Die desponsatio*, 85.

Huguccio nous propose encore une conciliation différente. Comme le consentement de praesenti est la cause unique du lien conjugal, il pense trouver la solution de la divergence entre le droit de l'Eglise germanique et celui de l'Eglise romaine dans le fait que l'acte conjugal subséquent au consentement de futuro est un signe suffisant de l'expression du consentement de praesenti, de sorte que le consentement praesenti présumé énoncé est la cause du lien conjugal.

La différence entre cette solution et la théorie proposée par Jean Faventin se trouve dans le fait que ce dernier voit la formation du lien dans le consentement de praesenti, ou dans le consentement de futuro suivi de l'acte conjugal animo uxorio; Huguccio, au contraire, voit la formation du lien dans le consentement de praesenti ou dans le consentement de futuro suivi de l'acte conjugal, en tant qu'expression suffisamment probable de l'échange du consentement de praesenti, cause unique du lien conjugal.

Dans la législation ecclésiastique, c'est Alexandre III qui, développant la doctrine de conciliation élaborée dans sa 'Summa' et ses 'Sententiae', amène à l'unité la formation du lien conjugal: le lien matrimonial se réalise par le consentement, confirmé au présent soit par une expression explicite au présent, soit par l'acte conjugal.

Alors qu'Urbain III et Innocent III continuent la doctrine d'Alexandre III, Grégoire IX, formulant la doctrine dans la terminologie huguccienne, introduit la présomption du lien conjugal sur base conjecturale des fiançailles suivies de l'acte conjugal, contre laquelle, pour ne pas trahir la doctrine de ses prédécesseurs, il n'accepte pas de preuves directes du contraire en la déclarant juris et de jure.

Une fois introduite dans la législation ecclésiastique cette théorie a connu une très grande élaboration, même si les auteurs se sont très vite rendu compte du danger inclus dans cette institution.

Ils ne se sont pas limités à justifier la présomption, mais ils ont cherché d'autres éléments qui pourraient constituer une base suffisante pour conjecturer la formation du lien conjugal.

Si bientôt ils ont commencé, à l'exemple de la décrétale de Boniface VIII c. m., 4, 2, par. 2, à mettre sur le même pied les fiançailles et les mariages de praesenti viciés par un empêchement ou par quelqu'autre cause, ils n'ont jamais accepté qu'un signe autre que l'acte conjugal puisse constituer avec les fiançailles une base conjecturale suffisante pour le lien matrimonial.

Cependant ils n'observent plus cette rigidité quand le premier élément de la base conjecturale ne sont pas des fiançailles, mais un mariage de praesenti vicié.

Alors qu'ils avaient trouvé une justification assez convainquante pour la présomption du lien conjugal sur base conjecturale des fiançailles suivies de l'acte conjugal, ils se trouvent en difficulté pour justifier tous les types du mariage présumé, et bien vite on trouve le mariage présumé en opposition avec le mariage vrai. Comme maintenant cette présomption du lien conjugal est une présomption juris et de jure, on rencontre assez bien de situations pénibles ou irrémédiablement un lien est présumé, quand en realité pourtant, il n'y a pas eu l'échange de consentement.

Toutes ces raisons n'ont certainement pas augmenté la faveur de cette figure de la formation du lien conjugal. Aussi, quand le concile de Trente dans son décret, 'Tametsi', supprime les mariages clandestins, on comprend facilement que les auteurs affirment sans les nuances nécessaires, que ce décret supprime aussi les mariages présumés.

Mais loin de supprimer tous les mariages présumés, le décret 'Tametsi' lorsqu'il impose une forme obligatoire de contracter mariage, se limite indirectement, à la présomption du lien conjugal dans ses figures primaires, où vraiment le consentement est privé de cette forme juridique ecclésiastique; le concile ne supprime pourtant pas les figures secondaires, puisque rien n'empêche que le consentement de praesenti vicié ait été échangé en forme canonique.

Ce sera le 'Code iuris canonici' qui les supprimera. en tant qu'il supprime la présomption juridique, sans supprimer la possibilité de réalisation du lien conjugal rendu efficace par un signe qui suit le mariage vicié, possibilité qui est appelée convalidation.

Loin donc d'être une anomalie dans le droit conjugal ecclésiastique, le mariage présumé est le fruit de la formation de ce droit. Dans sa forme originelle, il équivaut au mariage contracté par l'échange explicite du consentement de praesenti.

Quand plus tard la valeur du consentement de futuro est réduite à celle d'une promesse de mariage et que le consentement de praesenti devient l'unique cause du lien conjugal, le mariage présumé, dans ses figures primaires, se justifie encore, bien qu'il y ait une possibilité d'opposition entre la réalité et la présomption au for juridique. Quand plus tard encore, cette possibilité d'expression du consentement de praesenti correspond de moins en moins au consentement interne, et que la distance entre le lien présumé existant et le lien en réalité inexistant augmente, la nécessité s'impose de trouver une forme juridique qui soit une expression plus fidèle du consentement interne. Le concile de Trente pense trouver cette forme plus fidèle dans la forme canonique. Bientôt pourtant l'insuffisance de cette forme juridique stricte se fera sentir et des assouplissements de cette obligation à la forme juridique sont de nouveau proposés, en tant que le 'Codex Juris canonici' prévoit une formation du lien plus ou moins indépendante de la forme juridique, notamment la théorie de la convalidation qui dans sa forme extrême, la 'Sanatio in radice', nous ramène au point de départ du concile de Trente: le lien conjugal est convalidé, ou mieux est présumé valide, à base d'un échange du consentement confirmé par la vie conjugale.

Selon la conception de la formation du lien conjugal, soutenue par l'Eglise de structure occidentale au temps du concile de Trente, la forme canonique correspondait le mieux à la nécessité d'harmoniser les fors interne et externe; ainsi le mariage présumé correspondait le mieux à cette même nécessité selon la conception de la formation du lien conjugal au treizième et au quatorzième siècle. D'ailleurs ce sera une obligation permanente du for juridique de chercher, selon l'évolution de la conception de la formation du lien, une expression dans le for juridique de la réalité interne [87].

---

[87] Cf. *Decretum de Oecumenismo*, n. 6, traduction de l'édition Centurion, 1967. « L'Eglise, au cours de son pélerinage est appelée par le Christ a cette réforme permanente dont elle a perpétuellement besoin en tant qu'institution humaine et terrestre ».

TABLE DES NOMS

Aalen J.F.; 24.
Abbas Antiquus; 78, 80, 93.
Acta Apostolici Sedis; 143.
Abelaerdus P.; 12, 13, 31, 62.
Alexander III; 3, 10, 23, 28, 38, 42, 44, 45, 46, 47, 48, 49, 50, 51, 52, 53, 54, 64, 67, 69, 71, 74, 77, 79, 93, 95, 98, 99, 101, 102, 103, 104, 112, 114, 120, 123, 138, 139, 140, 147, 148.
Ambrosius; 12, 29.
Angelis de Ph.; 134, 135.
Anselmus de Loan; 12, 31, 62, 146.
Antonius de Butrio; 52, 69, 73, 75, 78, 79, 84, 85, 86, 87, 88, 92, 95, 99, 105, 108, 109, 110, 111, 113, 116, 140.
Augustinus; 12, 29, 33, 35.
Ballerini A.; 142.
Barbosa A.; 84, 108, 109, 110.
Bernardus Papiensis; 40, 42, 64, 101, 140.
Bernardus de Parma; 65, 66, 67, 73, 86, 104, 114, 140.
Böckhn P.; 135.
Bonfante P.; 55.
Bonifacius; 67, 69, 71, 97, 148.
Canisius H.; 6, 90.
Cardoso A.; 6.
Carriero A.; 107.
Castello C.; 55.
Castro P.; 130.
Celestinus III; 48, 49.
Clemens III; 48, 49, 68, 86.
Codex Iuris Canonici; 3, 143, 145, 149, 150.
Codex Iuris Civilis; 8.
Collectio Lipsiensis; 49.
Concile de Trente; 61, 118, 132, 141, 149, 150.
Covarruvias D.; 75, 78, 80, 81, 83, 84, 85, 97, 108.

Damianus P.; 11, 12, 62, 146.
de Andrea H.; 126, 129, 130, 132.
Dauvillier J.; 12, 19, 31, 44, 47, 51, 53, 66, 73.
Dieckhoff W.; 18, 19.
de Ligorio A. N.; 135.
De Luca M.; 3, 55, 76, 84.
De Nicollis L. V.; 5, 6.
De Smet A.; 76.
Di Marzo S.; 55.
Ecole de Bologne; 2, 12, 17, 28, 31, 33, 43, 63, 122, 124, 146.
Ecole de Paris; 30, 31, 33, 112, 123, 124, 146.
Elbel B.; 141.
Escobar A.; 134.
Esmein A.; 19, 20, 134.
Fahrner I.; 26, 30.
Fagnani P.; 134, 135, 141.
Ferrante J.; 135.
Ferrari J.; 135.
Ferrini J.; 55.
Fournier P.; 17, 18.
Freisen J.; 20, 49, 50, 51.
Friedberg E.; 9, 17, 18, 19, 20, 43, 44, 46, 48, 71, 93, 94, 115, 120, 123.
Funk; 8.
Galtier F.; 69.
Gasparri F.M.; 5, 6.
Gasparri P.; 2, 76.
Genistal; 19, 20, 134.
Giraldi U.; 138.
Gismondi P.; 122, 125, 126, 127, 128.
Godfroy de Trani; 109.
Gonzalez Tellez; 137.
Gozadini L.; 80.
Grandclaude E.; 135.
Gratianus; 12, 17, 18, 19, 20, 21, 22, 24, 25, 26, 27, 29, 30, 32, 33, 35, 47, 48, 63, 66, 122, 146, 147.
Gregorius I; 94.

TABLE DES NOMS

Gregorius VII; 94.
Gregorius IX; 2, 7, 22, 39, 54, 55, 67, 71, 77, 79, 107, 112, 115, 118, 120, 124, 130, 140, 148.
Guillaume de Champeaux; 12, 31, 62.
Gutierrez J.; 81, 84, 88, 96, 97, 133, 134, 135, 136, 141.
Heiner F.; 1.
Hincmar de Reims; 10, 11, 62.
Hörmann W. von; 26, 35, 42, 96, 147.
Hostiensis; 65, 66, 67, 69, 73, 75, 80, 82, 83, 85, 86, 88, 90, 93, 96, 97, 98, 99, 113, 114, 116, 117, 121, 125, 127.
Hughes de Saint Victor; 13, 14, 15, 17, 21, 22, 31, 62, 63, 123.
Huguccio; 2, 22, 37, 38, 39, 40, 41, 42, 47, 48, 50, 51, 52, 53, 54, 64, 65, 66, 67, 72, 73, 74, 75, 77, 93, 94, 96, 112, 118, 119, 120, 124, 140, 148.
Ignatius de Antioche; 8.
Innocentius I; 8.
Innocentius II; 17.
Innocentius III; 39, 50, 51, 52, 53, 54, 67, 69, 91, 93, 94, 97, 99, 101, 103, 104, 116, 139, 140.
Innocentius IV; 80, 81, 91, 110, 112.
Johannes de Andrea; 51, 73, 74, 75, 77, 79, 80, 81, 82, 83, 85, 87, 88, 92, 93, 97, 98, 106, 113, 117, 118, 121, 122, 140.
Johannes de Fribourg; 109, 117.
Johannes Faventinus; 35, 37, 64, 147, 148.
Kehr; 43.
Krimer F.; 76, 141, 142.
La Croix C.; 135.
Leitner M.; 1, 92.
Leo I; 10.
Leo XII; 143.
Linneborn J.; 1.
Lucius III; 48, 49.
Lungo G.; 55, 56.
Lupi J.; 76.
Marcianus; 56, 57.
Mariani Socini; 7, 83, 88, 90, 96, 97, 110.
Mascardi J.; 79, 83, 87.
Mc Laughin T. P.; 35.

Menochius J.; 69, 76, 79, 80, 81, 85, 96, 97, 134.
Michiels G.; 111.
Modestinus; 55, 56, 59.
Nardi F.; 141.
Navarrete U.; 84, 137.
Nicolaus I; 16.
Oddi-Baglioni A.; 101, 141.
Oesterle G.; 5, 26.
Orestano R.; 55, 56, 58, 59.
Panormitanus; 78, 79, 80, 81, 82, 83, 85, 87, 88, 90, 92, 93, 105, 113, 140.
Paucapalea; 24, 26, 63.
Pecorelli R.; 135.
Perufini; 80.
Petrus d'Ancarano; 52, 73, 79, 85, 87, 91, 92, 95, 96, 108, 109, 113, 140.
Petrus Lombardus; 2, 13, 16, 17, 21, 22, 23, 35, 42, 62, 63, 123, 127, 146.
Philippe E.; 37.
Pirhing E.; 76, 84, 85, 86, 87, 99, 125, 134, 135, 141, 142.
Ploechl W.; 18.
Portmann H.; 8.
Praepositus; 85, 105, 140.
Rasi P.; 126, 127, 130.
Raymundi de Peñafort; 91, 98, 116, 117.
Reiffenstuel A.; 5, 135, 141.
Riccardus de Mediavilla; 22, 23.
Rolandus Bandinelli; 25, 26, 27, 31, 32, 42, 63, 77, 123, 124, 147.
Roman J.; 37, 38, 39, 72, 75, 107, 115, 119, 120.
Rosset M.; 76, 86, 87, 99, 122.
Rosignolo G.; 134.
Rufinus; 29, 30, 35, 57.
Salzano M.; 6.
Sanchez T.; 84, 85, 87, 88, 96, 98, 100, 110, 111, 133, 134, 135, 136.
Schaefer T.; 1.
Scheurl A. von; 19, 22, 60.
Schillebeeckx E.; 8.
Schmalzgrueber F.; 2, 6, 76, 78, 84, 85, 87, 88, 135, 141, 142.
Schulte J. F. von; 24, 25, 26, 34, 41.
Sehling E.; 11, 15, 17, 19, 20, 48, 59, 60.

SOLAZZI; 55.
SOTO D.; 100.
STEPHANUS TORNACENSIS; 33, 34, 35, 63.
STICKLER A. M.; 10, 16.
SUMMA PARISIENSIS; 34, 35.
TANCREDUS; 95.
TAMETSI; 118, 126, 127, 130, 131, 132, 134, 136, 137, 141, 142, 143, 144, 149.
URBANUS III; 48, 49, 101, 102, 104, 116, 139, 140, 148.
VAN HOVE A.; 24, 25.
VIVA D.; 135.
VLAMING Th. M.; 76.
VERMIGLIOLI P.; 141.
WEIGAND R.; 25, 30, 34, 39, 51, 100, 105, 139, 140.
WERNZ F. X.; 76, 135, 141.
ZALLINGER J. A.; 135.
ZOESIUS H.; 141.